# 玩中有意趣

薪火文创社○编著

WANZHONG
YOU
YIQU

陕西新华出版
陕西科学技术出版社
Shaanxi Science and Technology Press
西安

**图书在版编目（CIP）数据**

玩中有意趣 / 薪火文创社编著 . — 西安：陕西科学技术出版社，2018.1（2024.4重印）
（传统文化走进生活）
ISBN 978-7-5369-7143-1

Ⅰ . ①玩… Ⅱ . ①薪… Ⅲ . ①游戏 – 中国 – 青少年读物 Ⅳ . ① G898-49

中国版本图书馆 CIP 数据核字 (2017) 第 310428 号

**玩中有意趣**

薪火文创社　编著

| | |
|---|---|
| **策　　划** | 孙　玲　晏　藜 |
| **责任编辑** | 郭敬琦　赵泰俪 |
| **封面设计** | 象上设计 |
| **版式设计** | 诗风文化 |

| | |
|---|---|
| **出 版 者** | 陕西科学技术出版社<br>西安市曲江新区登高路1388号陕西新华出版传媒产业大厦B座<br>电话（029）81205187　传真（029）81205155　邮编 710061<br>http://www.snstp.com |
| **发 行 者** | 陕西科学技术出版社<br>电话（029）81205180　81206809 |
| **印　　刷** | 河北鹏润印刷有限公司 |
| **规　　格** | 787mm×1092mm　　16开本 |
| **印　　张** | 7.75 |
| **字　　数** | 80千字 |
| **版　　次** | 2018年1月第1版<br>2024年4月第2次印刷 |
| **书　　号** | ISBN 978-7-5369-7143-1 |
| **定　　价** | 36.00元 |

# 序 言

XU YAN

## 闲时乐游玩

元代著名戏曲作家关汉卿在一首套曲《一枝花· 不伏老》中有过这样的一段描述：

> **我也会围棋、会蹴鞠、会打围、会插科、**
> **会歌舞、会吹弹、会咽作、会吟诗、会双陆。**

当中所提到的围棋、蹴鞠、打围、插科等，都是古人们在闲暇时候常玩的游戏。关汉卿毫不掩饰自己对玩游戏的喜爱，可见在他的心目中，会玩也是一种值得夸耀的资本。

每个人应该都做过游戏。婴儿们在摇篮中小手轻摇拨浪鼓，少女们在花园里荡秋千、捉迷藏、放风筝，少年们在广场上踢足球、打篮球，成人们三五成群地聚在一起打牌，老人们在公园石桌边专注地下象棋……这些都是如今我们常见的游戏。玩游戏是人们放松自我的方式，它既能消解生活中积压的烦闷，也能带给人们无穷的快乐。在玩的过程中，我们会发现，有的游戏需要一定的规则和技巧，有的则相对随意一些。但从广义上来说，只要是能够用来消遣、能为人们带来快乐的活动，都可以看作游戏。

中国的游戏文化历史悠久，可以说，自我们的祖先正式

建立起自己的生活起，早期的游戏便已经随之出现。如今孩子们常玩的玩具，如陀螺、竹蜻蜓、风筝、毽子等，在中国都有着成百上千年的历史。中国的游戏文化极为丰富，有拔河、踢毽子、放风筝、登山这样的运动类游戏，有斗草、斗虫、斗禽这样的自然类游戏，有九连环、七巧板这样的智力游戏，有琴棋书画、分茶行酒令这样的风雅游戏……各式各样的游戏，不仅体现着古代中国人丰富多彩的生活，同时还对世界上其他国家产生着巨大的影响。尽管像击壤、投壶、蹴鞠、马球等游戏今天已不再常见，但人们依然能在一些现代游戏中找到它们遗留的影子。

游戏是人们生活的一部分，中国传统游戏是中华传统文化的一部分。今天我们已进入互联网时代，网络改变了人们的生活方式，也改变了人们的娱乐方式。从前没有令人眼花缭乱的互联网，但那时的中国人依然知道该用怎样的方式让自己快乐起来。放风筝、解连环、荡秋千、下围棋……中国人的生活情趣与生活品味，正是在这些游戏中一点点显现出来的。

玩中有意趣，游戏不仅能够给人们带来休闲和欢乐，还能给人们留下种种情趣盎然的记忆。这本小书中为大家所呈现的游戏只是中国传统游戏的冰山一角，更多有趣的游戏需要你们自己去了解。希望这本书能唤起你们关于童年游戏的记忆，吸引你们去了解中国游戏的历史，品味传统文化的意趣。

玩中有意趣

# 目录

## 第一章 儿时的游戏

## 第二章 万物皆有灵

## 第三章 动动手和脚

## 第四章 闲时雅戏

## 第五章 时节幽赏

# 第一章 儿时的游戏

- 小陀螺的旋转世界
- 竹蜻蜓，飞上天
- 秋千架上
- 忙趁东风放纸鸢
- 骑竹马，乘木车

# 小陀螺的旋转世界

在丰富多彩的童年生活中，总少不了玩具的身影。对于心爱的玩具，我们都是格外爱惜的，小心地收藏起来，生怕一个不慎就磕着碰着弄坏了。但有一种玩具，却好像生来就要被人“粗暴对待”的，这个“可怜”的小玩意，就是陀螺。在公园里，在广场上，在小区楼下，我们时常能见到它的身影，不只小朋友玩，我们也常常能见到老爷爷老奶奶在广场上拿鞭子抽它们的身影。

为什么要抽打它们呢？原来，陀螺的形状很别致，上半部分是圆形，下半部分则是尖锐的锥形。这是一个圆锥体，所以能在地上旋转。

而为了让它能旋转得更久，人们才会拿鞭子不断地抽打它，这就是“抽陀螺”或“鞭陀螺”。陀螺整天转啊转，像是永远不会停歇的样子。人们有时因为太忙碌，偶尔也会抱怨说，自己简直是在被当作陀螺一样使唤着。

陀螺这种玩具，中国人从几千年前就开始玩了。虽然它是我们生活中很平凡的物件，但却有着非常古老的历史。今天我们能见到的陀螺有各式各样的材质，比如塑料陀螺、金属陀螺等，但古代的陀螺一般是用木头削成的。木陀螺也是面平底尖，玩法和现在也没有太大的不同。人们先用鞭子的一端缠住它的腰部，然后使力一拉，陀螺一下子就旋转起来。鞭子不停地

抽啊抽，陀螺不停地转啊转。人们在这似乎永无止息的旋转中得到快乐，像怀着某种希冀，希望这小小的木头玩具永远不要停下来。

“陀螺”这个词，在距今约六百多年前的明朝就出现了。明朝有本叫作《帝京景物略》的书，里面有这样一段话：“杨柳儿青，放空钟；杨柳儿活，抽陀螺；杨柳儿死，踢毽子。”你们看，陀螺在当时已经是非常流行的游戏了。当时的人们也是“抽”陀螺玩儿的。不过，尽管那时的书里明确提到了这种玩具，但并不意味着陀螺这个玩具是在明

朝才被发明出来的。早在距今约一千多年前的宋朝时，就已经有一种和陀螺类似的、叫作“千千车轮盘”的玩具了。

千千的模样和陀螺很像，但在当时，它更多是贵族的玩具。人们先用象牙雕刻它，然后又把它放在象牙做的盘子中。人们用手一拧让它旋转，等到它快停时再用衣袖拂动它。大家聚在一起，比赛看谁的千千转得最久。可能人们是怕一直这样会弄脏衣袖吧，后来渐渐就改为用鞭子抽打它了。

抽陀螺是个小游戏，却令千百年前和千百年后的人们都着迷不已。它不只属于活泼好动的孩子，也属于想要强身健体的成人。而且，不要小看这么一个小小的玩意儿，在我们身边，处处都能看到它的影子，芭蕾舞者旋转的身姿，表盘上转动的分针秒针，甚至围绕着太阳旋转的地球，不是正像一个个旋转着的陀螺吗？

# 竹蜻蜓，飞上天

除了陀螺，你还能想到其他旋转着的玩具吗？聪明的你是不是已经想到了？有的，它就是竹蜻蜓。竹蜻蜓也是我国很古老的一种玩具，顾名思义，它能够像蜻蜓一样在空中飞行。或许古代的中国人正是从蜻蜓的飞翔中得到启示，这才制成了这种能飞的玩具，并称之为“竹蜻蜓”。

根据一些记载，竹蜻蜓在距今约一千七百多年的晋朝时就出现了。大家看一看，竹蜻蜓的外表是不是很像英文字母“T”？其中人们通过用手揉搓竖着的那一条木棒，使横着的那一个薄片得以转动，而横着的那一个薄片就是用

竹片制成的。制作一个竹蜻蜓的过程并不复杂，先在一片竹片中穿一个小孔，然后插入一根笔直的棍子，再将两个部分衔接起来，一个竹蜻蜓就做好了。

要如何让竹蜻蜓“起飞”呢？这就更简单了，只要用双手夹住竹棍使劲儿一搓，竹蜻蜓就能旋转着飞向天空。它可以飞得老高老高，一直到惯性减弱，旋转的速度慢慢降低后，才会旋转着落回地面。竹蜻蜓是古代儿童们的宠儿，没事的时候，大家一人手上擎一个，比赛看谁的竹蜻蜓飞得高。看着竹蜻蜓从自己的手中腾空而起，孩子们会高兴得手舞足蹈，就像自己也可以在天空飞翔一样。

你们可曾羡慕过空中飞翔的鸟儿？渴望能像它们一样飞翔？一定有过这样的想法，对不对？人类一直就有飞天的梦想，而竹蜻蜓的出现，则给了人们关于飞翔的启示。当中国的竹蜻蜓传到欧洲后，一下子就引起了西方人的关注。欧洲人将竹蜻蜓看作一种航天器的模型，现在很多重要的航空原理，都是从它身上得来的。而如今的直升机用高速旋转的机

翼来带动机身飞起的原理，和竹蜻蜓也是类似的。虽然现在一般认为，飞机是由西方人制造的，但根据资料记载，中国清朝初年，江南的苏州市有一个叫徐正明的工匠，他经过十多年的努力，做成了一辆“飞车”。他根据竹蜻蜓的原理设置机关，然后用双脚踏板作动力，竟让这“飞车”悬空而起一尺有余，甚至还飞过了一条小河呢。有人说，这才是世界上最早的“飞机”。

竹蜻蜓是中国人发明的玩具，只可惜，古代的中国人更多只是将它作为儿童的玩物，就像只将火药用来研制炮仗一样，并没有进一步思考探索，将其原理应用于科技方向，推动国家的现代化，这也是值得今天的我们反思的。日常的生活中蕴藏着各式各样的智慧，就是在游戏里也能找到不一样的惊喜，就看细心的你能不能去发现了。

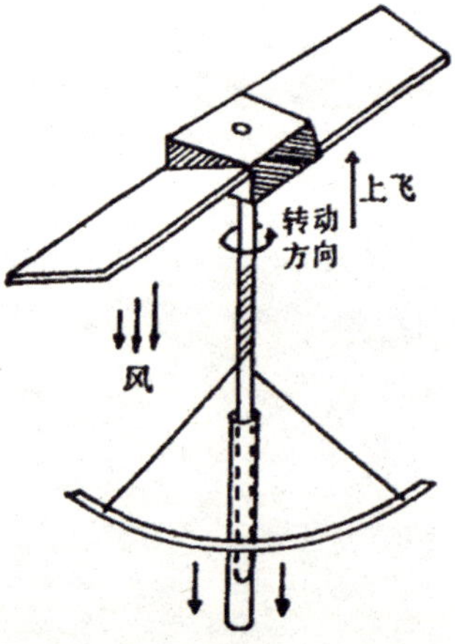

# 秋千架上

从古到今，秋千一直是中国女孩子最爱玩的游戏之一。风和日丽的天气里，百花盛开的花园中，穿着漂亮衣服的女孩子们坐在秋千上，时高时低地摇曳着，衣带随风飘扬，当秋千架飞到高处的时候，女孩子们快乐地笑着。这样美好的画面时常出现在古画中，也时常出现在今天的生活中。因为荡秋千一直是清明节的传统习俗，所以人们也将清明称作“秋千节”。

秋千的名称有许多，比如“荡秋”“磨秋”“观音秋”“二人秋”等。在我国古代，人们常玩的秋千有三种：第一种是“植木为架，上系两绳，

下拴横板，人立于板上”的秋千，也就是我们常说的“荡秋千”，人们坐在上面，像钟摆一样来回摆荡，我们如今还能在许多庭院中发现这种秋千；第二种是“植大木于地，上安车轮状圆轮，在呈辐射状横木上，系绳于下，以架坐板”的“车轮秋”，也就是我们常说的“纺车秋”“磨秋”，这种秋千能够使人悬空转动，非常刺激；还有一种“竖长柱，设横木于上，左右各坐一个，以互落互起而飞旋不停”，这是一种两个人玩的秋千，所以也叫“二人秋”，玩法类似我们常见的“跷跷板”。

三种秋千中，人们最熟悉的当然还是我们今天还在玩的“荡秋千”了。古代的荡秋千，原是用树干之类的木条作架子，然后再拴上彩带做成。后来渐渐完善，演变成由秋千架、秋千绳、踏板等部分组成的形式。

秋千架用结实的木头做成，稳固牢靠；秋千绳也是用结实的绳索，一端系在秋千架上，另一端系在踏板上。荡秋千时，人们就坐在或站在踏板上，有时需要有人在后面推动助力，再凭借自己腰部、手臂的力量向前后摇摆，越荡越高，飘越起伏。

关于秋千的起源有多种说法，其中有人认为，秋千这种游戏来源于北方少数民族“山戎”。人们猜想，少数民族生活在自然丛林中，以打猎和采集果实为生。当他们要采摘长在高处难以够着的果实时，就只能利用藤条绳子之类的工具，凭借惯性荡到高处去。或许这就是荡秋千的原始状态。还有人认为，秋千来源于今天的云南，这是因为，云南是如今秋千活动最为流行的地区，不仅参与的民族众多，秋千的种类也很齐全，我国至今所能见到的最早的秋千的形象资料，也是在云南被发现的。

尽管不能确定秋千究竟是发源于哪里，但可以肯定的是，秋千随着民族的融合逐渐进入了中原。在两千年前的汉朝时期，荡秋千就已经是

非常流行的游戏了。历史资料记载："秋千者，千秋也。汉武祈千秋之寿，故后宫多秋千之乐。"意思是说，古人用秋千来象征"千秋"，"千秋"是指漫长的时间，汉武帝用秋千来祈祷长寿，于是秋千就流行了起来。这就是古诗"禁苑起山名万岁，复宫新戏号秋千"的由来。后来唐代的皇帝唐玄宗称荡秋千为"半仙之戏"，因为人们认为神仙就居住在高空，而秋千能将人们送到空中去，所以荡秋千的人当然就是"半仙"了。秋千尤其受到儿童们的青睐，唐代诗人王建有一首《秋千词》："长长丝绳紫复碧，袅袅横枝高百尺。少年儿女重秋千，盘中结带分两边。身轻裙薄易生力，双手向空如鸟翼。"其中描写的就是少男少女们荡秋千时快乐的情态。

因为好玩刺激，秋千在后代越来越受到欢迎，唐代大诗人杜甫曾作诗说："万里秋千习俗同"。古往今来，从南到北，从东及西，我国各个地区都曾盛行过这种娱乐游戏，荡秋千至今还是人们经常参加的休闲及竞赛活动。

# 忙趁东风放纸鸢

对于每个人来说，童年最美好的回忆里，肯定有放风筝的一席之地。闲来无事的节假日里，和家人一起到郊外去，将细细的一根线牵在手中，然后把各种形状的风筝顺着风送到天上去，看着它们自由自在地在天上飞翔，心底别提有多快活了。

风筝有许多的名字，其中，最古老又最常用的名字，要数“鹞子”和“纸鸢”。鹞和鸢其实是两种飞禽，它们能在空中伸展翅膀滑翔，看上去却像一动不动地在空中盘旋，这跟风筝在空中呈现出的样子很像。但南北方对风筝的称呼却不一样，南方称风筝为“鹞”，北方则称风筝为“鸢”。

风筝也是我们中国的老祖宗发明的，要探求风筝的来历，可以追寻到两千多年前的春秋战国时期。当时的人们受到飞鸟的启发，便仿照鸟的形状，用木头作材料，制成了能在空中飞行的“木鸢”。据说，风筝的发源地应该就在今天的山东、河北一带。人们先是用木头为材料，后来又用竹子，再后来造纸术出现，人们就改用轻薄的纸做风筝，称为“纸鸢”，这种“纸鸢”和现在的风筝非常相似了。不过，要想让风筝飞上天空，人们就必须懂得如何借助风力和风能，这听起来是现代才有的技术，但其实早在几千年前，中国人就已经懂得了如何使用风能。商代遗留的甲骨文中已经发现的“帆”字，就证实了这一点。几千年前的中国人不仅能利用风能做“帆”来进行交通运输，还发明了风筝来丰富人们的生活。

在古代，风筝曾一度被作为战争时的通信侦察工具使用，有时甚至还能够带上火药作为武器。而到了唐朝，在当时安定繁荣的社会环境下，各种文化娱乐活动开始发展。于是，一直被用来当作军事用具的纸鸢，也开始被用来娱乐，于是，放风筝开始在民间流行起来。这时候不仅风筝的用途发生了变化，样式也多了起来，花鸟鱼虫、神仙美人、各色器物、吉祥文字……各种各样形态的都有，放风筝不仅成了一项人们喜欢的活动，风筝的制作还成了一种民间艺术。人们赋予这些风筝上的纹样吉祥美好的意蕴，寄托着人们对平安、长寿、好运等的福气的期盼和渴望。

历朝历代的百姓都喜爱放风筝，孩子们尤其喜欢这种游戏，“儿童散学归来早，忙趁东风放纸鸢”，生动地记录了草长莺飞的春季里孩子

们放风筝的情景。

古时还将放风筝称为“放郁”，就是把风筝放飞后，将风筝线割断，让风筝随风而去，人们希望通过这样的方式将自己身上的郁气和霉运通通放走，好在接下来的一年中有好的运气。

# 骑竹马，乘木车



唐代大诗人李白曾在诗中写道：“郎骑竹马来，绕床弄青梅。”隔着时空为我们还原了千年以前的少男少女嬉戏玩乐的情景。诗中提到的骑竹马，是一种古代的小朋友们常聚在一起玩的游戏。其中竹马并不是真正的马，而是一根削好的竹竿。这是属于男孩子的游戏，骑竹马时，他们常一手握住竹竿的一端，另一端则拖在地上，男孩骑在竹竿上，时而作出扬鞭策马疾驰的样子，有时也握住个刀剑样的物件扮作拼杀状。值得一提的是，如今人们常说的成语“青梅竹马”就是来源于李白的这首诗，它是用来形容小儿女自幼一起玩耍、天真无邪的情状。

我们今天常在古诗古画中看到儿童骑着竹马奔跑的画面，画中的竹马形态各异，有仅仅是一根竹竿的，也有在竹竿上栓有一个马头的，甚至还有给竹马穿上衣服的，形态各异，十分有趣。

除了竹马，孩子们用来骑乘的玩具还有各式各样的木车。男孩子乘木车为戏要更早，从婴儿蹒跚学步时，大人们就会给他们一种手扶架子车让他们学步，骑竹马为戏则在更晚些的七八岁以后。再到后来，两轮车、三轮车甚至四轮车，都成了城市中常见的儿童玩具。为了增加木车的情趣，人们还会在车头处增添各式各样的动物形状，比如小鸟、小鸡、小兔、小狗等。

滚铁环也是古代孩子们最喜欢玩的游戏之一。铁环之戏早在汉代时就是百戏之一。先用铁条围成铁环，再用铁条或粗铁丝做成推棍。玩时先在地上把铁圈滚起来，再用推棍

推着铁环滚动。滚好铁环的关键在于掌握好平衡，否则铁环就会因重心不稳而倒在地上。这种游戏在今天已经不太常见了，但直到二十世纪六七十年代，它依旧是盛行全国的游戏。滚

铁环的场所最好是在相对平坦的路面上，但若是玩得好的人，在凹凸不平的道路上也能推着铁环健步如飞。滚铁环可以看作是人们对运行的车辆的一种模仿，车子能够行走主要靠轮子，而铁环不仅拥有轮子的形状，还能像轮子一样运行。当孩子们推着铁环奔驰在道路上时，可不就像在开车飞驰一般么！

无论是骑竹马、乘木车还是滚铁环，都是从前颇受孩子们欢迎的游戏项目。它们不仅好玩有趣，还能强身健体，让孩子能够在游戏中锻炼强健的体魄。这是今天的我们依然需要的，希望大家在闲暇之时也能经常走出家门，去户外活动活动筋骨，在玩耍中让自己的身躯更灵活，体魄更健康！

# 第二章

# 万物皆有灵

# 儿童斗草

宋代词人晏殊有一首著名的词叫作《破阵子》，其中以清新的笔触，描写了古代少女们在春天里的一个小小片段，其中有一句十分有趣：“疑怪昨宵春梦好，元是今朝斗草赢”，词中的“斗草”，是古代儿童最爱玩的游戏之一。

斗草也称斗百草，顾名思义，就是用各种花草相斗来决胜负。人生在大自然中，身边到处都是可以亲近的草木，于是，这个游戏，千年前的孩子们就开始玩了。在距今约一千五百年的南北朝时期，“斗草”这个词第一次在文献中出现。那是在端午时节的风俗，斗百草和吃粽子、赛龙舟等一样，

都是当时的人们在端午节时会做的事。

为什么端午节时要斗百草呢？因为古人认为端午节时天气已渐渐炎热，人们容易在此时生出各种疾病，而百草被认为有驱疾辟邪的功能，于是人们便采集有药性的艾草、菖蒲等来去除秽气。直到现在，端午节时依然有挂艾的习俗。可以想象，人们在采集百草的时候，就顺带发明出了斗草取乐的游戏。

到了唐代，斗草成为妇女和儿童都爱玩的游戏。唐代诗人崔颢的诗中写道：“闲来斗百草，度日不成妆”，描写的是当时的妇女，闲暇时因斗草连妆都不画了。大诗人白居易的诗中说：“弄尘复斗草，尽日乐嬉嬉”，描写的是当时以斗草为乐的孩子。唐代以后，斗草之风就愈发流行了。

古人斗草的方式有很多，主要分为“文斗”和“武斗”。文斗就是大家采到花草后聚在一起，报出自己的花草名字，然后互相对仗。比如一个说“观音柳”，另一个就对“罗汉松”；一个说“君子竹”，另一个就对“美人蕉”。这种游戏类似于古代文人在一起做的对子游戏，需要具备深厚的文学功底和敏锐的才思。

相比起“文斗”，“武斗”就要简单得多，就是斗草的两个人各拿一棵草的一段，然后让两枝草缠在一起，谁的草茎被扯断，谁就输了。这种斗草的方式相比于“文斗”要简单得多，但是被用来“斗”的花花草草可就遭了殃了。“青枝满地花狼藉，知是儿孙斗草来”，诗人范成大诗中所写的，就是古代儿童斗草后的景象。

斗草是一种非常有趣的游戏，不管“文斗”还是“武斗”，都有益于人们的身心健康，还能让我们更加亲近大自然呢！

# 草木之声

汉语中有这样一个成语：“桃李不言，下自成蹊”。它的意思是说，虽然桃李不会说话，但它们却拥有美丽的花朵和甜美的果实，依然会吸引人们靠近，以至于树下都被走出一条小路来。其实何止桃李，世间的草木都是无言的，因此，它们总能给人安宁的感觉。但人们却仿佛不甘心让它们一直保持沉默，于是，很久以前，我们的祖先就发明出一些方法，让草木也发出不同的各具特色的声音，并将此当作一种游戏。

古籍中有这样的一句记载：“少年群集而歌，劈木相击响为节。”它描述的是上古时期人们击竹或击木为戏的场景。这说明，

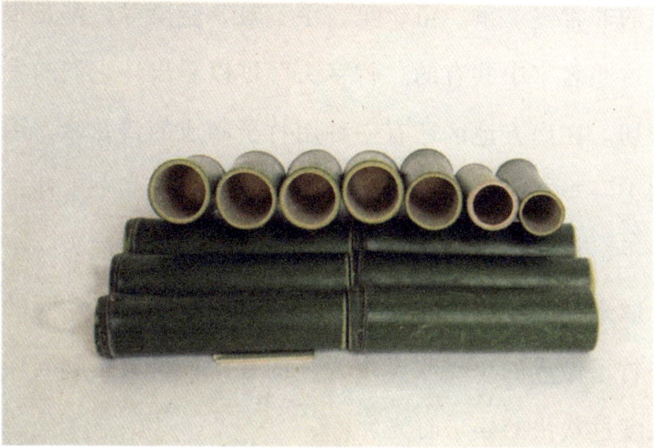

在很早之前，我们的祖先就会借草木之声搭配歌声来娱乐了。直到如今，我国西南地区一些少数民族的孩子还会取来若干竹筒，然后用一根小木棒来敲打为戏。这是由于竹筒大小不同，所发出的声音也就高低错落，很是悦耳动听。听起来，这就像是一种音乐演奏，人们手中敲打的竹筒此时便成了一种简易的乐器。

竹子是一种相对常见的植物，我们今天依然能处处见到它的身影。竹子四季常青，代表着顽强的生命力。它的茎干上生而有节，节内空心，是高风亮节、虚怀若谷的象征。因为具有这些美好的意义，古往今来，竹子一直受到中国人的喜爱。宋代大文豪苏东坡就曾夸奖竹子说："宁可食无肉，不可居无竹。"可见它在人们心中的地位之高。竹子的好处可不只有这些，因为它特殊的生长结构，还使得它天生就具有被制成乐器的优良条件。在我国的民族乐器中，以竹

子作为主要材料制成的非常多。箫、笛、笙、竽、筑、箜篌等，都是很有名的竹制乐器。从这些名字中共有的“竹字头”可以看出，它们的发明都与竹子的关系密切。在南方地区还有一种用竹子制成的口弦琴，用一段两尺长的竹筒削去一半，两侧还留有竹隔膜，一头立上一个木柱，另外一头安上一个把手，再在把手和木柱之间系上一根弦，就成为一个独弦琴了。演奏时，取来一个小竹片拨弄琴弦，口弦琴就能发出动听的歌声了。人们用这些竹子做成的乐器吹奏出悦耳的音乐，再聚集起同伴一道载歌载舞，借此度过欢快的娱乐时光。

“琴棋书画”是我国著名的“文人四友”，其中第一个便是弹奏古琴。当人们从喧杂的事物中偶尔抽身，静下心来弹奏一会儿古琴，那悠长而旷远的旋律很快能使人安下心来，进入一种恬静安闲的境界。而这几千年来始终影响着中国文人娱乐生活的乐器，它的制作材料也是以树木为主的。古琴的琴材主要是以桐木为主的，青桐、白桐、泡桐等，都是制作琴面的良材。此外，杉木、梓木、椿木等，也是制作古琴的重要材料。可以说，古琴能发出“清和淡雅”的旋律，与这些木材源于自然的草木灵性是分不开的。

所以说，尽管草木无言，但当人们用智慧令它们发出声音时，它们便会带给人们意外的惊喜。在古时候，甚至连树叶都能变成人们手中的乐器。人们把有些树叶含在嘴里，

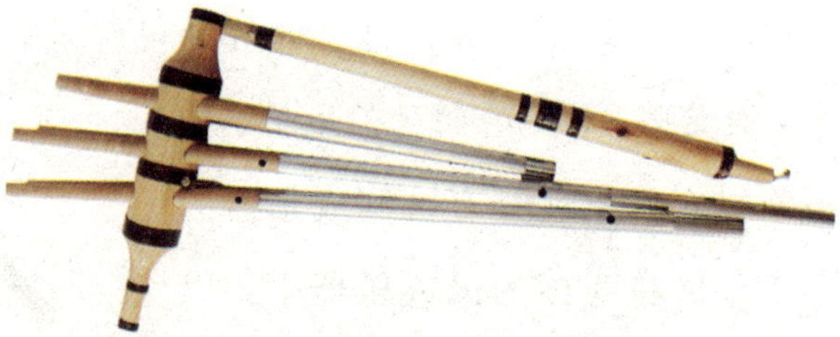

就能吹出各种各样的音调。古时人们和自然的关系亲近，因此熟悉各种动植物的习性，孩子们从小就会被带到山野中，倾听各类昆虫和鸟类的鸣叫，然后用适合吹奏的叶片模仿它们的叫声。不过，选择树叶也有特殊的讲究，叶面要光滑，叶片要不嫩不老。我们今天依然可以想象那样的画面：人们坐在郁郁葱葱的自然界中，呼吸着清新的空气，眼前是自然的美景，手里是来自自然的叶片，口中发出自然的声音，身心一片惬意。

# 斗鸡与斗蟋蟀

南朝诗人江淹曾写过这样一首诗："十年学读书，颜华尚美好。不逐世间人，斗鸡东郊道。"意在告诫读书人要勤学苦读，不要像其他人一样天天在东郊道路旁观斗鸡为戏。诗中提到了古时候一种颇为流行的游戏——斗鸡，诗中提到参与斗鸡的人时，用了"世间人"这样覆盖面极大的词，虽然难免有夸张的成分，但也从侧面反映出当时这种游戏的风靡程度。

斗鸡是古代斗禽游戏中的一种，斗禽就是让两禽相斗来决出胜负，斗鸟、斗鸭、斗鹅等，都属于斗禽游戏。斗鸡和普通家鸡的区别，在于它的善打善斗。当两只雄性斗鸡相遇时，便

会为了争抢食物或配偶而大打出手。斗鸡争斗时如果不加阻止，常常会战斗到最后一刻。中国的斗鸡游戏来源久远，早在两千多年前的春秋战国时期，就有关于斗鸡的记载了。《左传》中记载当时的鲁国贵族季平子、郈昭伯两人斗鸡，季平子给斗鸡的翅膀上撒上了芥末，而郈昭伯则在斗鸡的鸡爪上扎上了金属刀子。

汉代人把观看斗鸡当作一种休闲的方式。《汉书》中记载着汉代富家子弟“斗鸡走狗马”的情状。现代考古出土的许多汉代石刻和画像砖上，也能够见到各种斗鸡图，可见当时人们对斗鸡的喜爱。相传，汉高祖刘邦的父亲在家乡时爱好斗鸡，后来迁到长安后，常因见不到故人故事而闷闷不乐。为了讨父亲的欢心，刘邦特地按照家乡的模样修建了新城，还将昔日和父亲一道斗鸡的老友也都迁到了长安来。

唐代是斗鸡游戏特别盛行的时代，唐代玄宗、文宗、僖宗等几位皇帝都爱好斗鸡，当时有不少人都因擅长驯养斗鸡而得到皇帝的宠幸。大诗人李白在诗中写道："路逢斗鸡者，冠盖何辉赫。鼻息干虹霓，行人皆怵惕。"说的是面对神气的斗鸡，行人虽纷纷侧目，却也习以为常，足见当时斗鸡游戏的流行。

唐代以后，斗鸡的游戏仍继续流行着。人们还在各地修建有专门用于斗鸡的场所，至今在一些地方，都还保留有一些名叫"斗鸡台"的历史遗迹，这也成为这种游戏曾风靡一时的明证。

除了斗鸡，斗蟋蟀也是很重要的传统游戏之一。在中国古人心中，蟋蟀可以说是昆虫界的"明星"呢！斗蟋蟀同样是我国历史悠久的娱乐活动，在有闲暇的时候，人们常常聚在一起，摆一个小瓮作擂台，挑两只体型差不多的雄性蟋蟀放进瓮中，让它们相互争斗，分出胜败。然后看胜的一方得意扬扬展翅长鸣，败的一方则垂头丧气地退却。

蟋蟀又叫"促织"，也叫"蛐蛐"，这种昆虫居住在土穴里，但因为经常出现在地面上，又会发出悦耳的鸣叫，所以古诗里常见到它的身影。先秦的《诗经》里说“十月蟋蟀入我床下”，汉代的《古诗十九首》中说“明月皎夜光，促织鸣东壁”，可见从很早开始，蟋蟀就成为人类身边的伙伴了。蟋蟀是性情孤僻的昆虫，除了交配之外，其他时候一般都是独立生活，尤其是雄性蟋蟀，是绝不愿意和别的雄性蟋蟀住在一起的。因此，两只雄性蟋蟀一旦碰到一起，就会斗起来。到了唐朝，宫廷贵族中开始有人专门养蟋蟀用来相斗；到了宋朝，斗蟋蟀渐渐开始走入寻常百姓家，成为广受欢迎的娱乐活动。而后面的元明清各朝，斗蟋蟀更是风靡一时，甚至出现了专门贩卖蟋蟀的集市。当然，在集市上，肯定是身强力壮的蟋蟀更受欢迎啦！

和斗草一样，斗蟋蟀也是广受儿童欢迎的游戏。“任满身花影，犹自追寻。携向华堂戏斗，亭台小，笼巧妆金”，南宋诗人张镃这样回忆自己童年时斗蟋蟀的美好记忆。可以想象那样的场景，在花草繁茂的花园里，一群孩子围蹲在一起，全神贯注地凝视着地上两只蟋蟀的战斗，好像在战场上的是他们自己一样哩！

虽然斗蟋蟀好玩儿，但是一味沉迷其中、玩物丧志可不行。南宋有一位叫贾似道的大臣，他从小就性格不羁、贪图享乐，但因为他的父亲是当时一位著名的武将，妹妹又进宫给皇帝当了贵妃，所以他一直升官，做到了太师的位置，掌管着国家的军国大事。这位贾大人酷爱斗蟋蟀，据说他还组织人编写了世界上第一部专门研究蟋蟀的书——《促织经》。当时，宋朝和蒙古一直交战，蒙古大军围困了军事重镇襄阳城，形势十分危急，而贾似道却对朝廷隐瞒了真实的情报，整天在他的府邸里斗蟋蟀取乐，丝毫不以国家大事为重。最后，蒙古大军直逼临安，导致了南宋王朝的覆灭。贾似道玩物丧志、荒唐误国，留下了千古骂名。

万物皆有灵，再柔弱的小动物也都有自己的个性。人们借斗鸡与蛐蛐好斗的特点发明出这种游戏，虽然许多人曾借此得到了很多欢笑，但其中还是有不少值得深思的地方。希望大家在读完这篇文章之后想一想，你喜欢这两种游戏吗？喜欢或是不喜欢的原因又分别是什么呢？

# 家有小伙伴

如今，有不少人家里都有饲养宠物的经验，从人们领回这些可爱的小生灵的那一刻起，它就正式成为了一个家庭中的成员。它将会与人们一起生活，一起游戏，带给人们无穷的欢乐。其实，不只今人，古人也很喜欢养宠物。中国人从很久以前就开始豢养宠物了，而且古人对宠物的喜爱也不比现代人少。

鸟和鱼是古人家中最常见到的宠物。富裕人家园林中的林鸟池鱼自不必说，即便是平民百姓家，也不免挂几个笼子养几只画眉或鹦鹉，凿一方小池养几条锦鲤，给日常生活带来别样的生气。养鸟是从捕鸟开始的，

捕到后进行驯化，才能成为家养的宠物。古代的山民和牧童都是捕鸟和驯鸟的高手，他们在捕到鸟后会将它们又带入山林，喂虫子等食物给它们吃，这和今天人们去公园中提笼遛鸟的行为很相似。养鸟在古代很常见，而且家养的鸟种类也很多，有鹦鹉、八哥、画眉、鸽子，等等。

除了上面提到的那些体形娇小的鸟类，一些体形较大的鸟类也会成为古人的宠物，比如仙鹤。鹤身姿挺拔、形态美丽，看起来仙风道骨，在人们眼中具有很高的地位。古人对鹤有着非常特殊的感情，一些有条件的人，会在自己的园林中饲养仙鹤。比如宋代诗人林逋，他在西湖边的孤山上隐居，终身未娶，只种植梅花、饲养仙鹤相伴，人称“梅妻鹤子”。相传他饲养的鹤十分美丽，他常常放它们飞入云霄，而它们在盘旋许久后，又会自己飞回笼中。这个诗人与鹤的传说，听起来十分浪漫。

鱼也是古人家中常见的小生灵。鱼和“余”“裕”等字谐音，于是在人们眼中，它就有了十分美好的意义。此外，鱼还多子，所谓多子多福，这也是非常吉利的象征。关于养鱼的起源，现在已很难考证，很多人认为，人们养鱼的习惯和佛教有一定的关联，早期养鱼也是从一些寺庙开始的，后来普通人家才渐渐开

始养鱼。金鱼是人们家中最常见的观赏鱼，相传，我国第一条金鱼是一个叫桓冲的晋朝人在游庐山时发现的。

狗是如今许多人家中的常伴，人们喜欢它的性情，将其视作忠诚的朋友。狗能看家护院，还能协助主人打猎，因此很早前就成为人们的好帮手。苏东坡有一首《江城子·密州出猎》，里面这样写道："老夫聊发少年狂，左牵黄，右擎苍。锦帽貂裘，千骑卷平岗。"其中的"黄"，指的就是黄狗。人们出行打猎时要亲手牵着狗，可见狗对人们的重要性。和男人喜欢猎犬不同，女人喜欢的大都是灵巧可爱的小狗。唐代名画《簪花仕女图》中，就描摹了贵妇和小狗玩耍的场景，活灵活现。小狗在这里，就成为她们消磨时光的好伙伴。

乌龟也是许多人眼中的宠儿，这和它们长寿的特质不无关系。人们常说"龟寿延年"，将它视作长寿的象征。据说，在春秋时期，鲁国贵族看到乌龟长寿，就将它视为灵物，除了小心翼翼地照顾之外，甚至还专门为乌龟建设很奢华的屋子。因为富有吉祥的意蕴，所以古代与"龟"

相关的词语大都带有很好的寓意，比如称丈夫为“金龟婿”，给孩子取名叫“龟年”，等等。直到后来，龟的地位才一落千丈，成了人们言谈中被嘲笑的对象。

从古至今，人们爱养的小动物当然不止这些。这些可爱的小生命，不仅带给人们许多陪伴，还给予了人们许多精神的寄托。它们是我们生活中的好伙伴，值得我们好好尊重和爱护。

# 七夕乞巧

每年农历七月初七是中国传统的七夕节，相传这一天，是天上的牛郎织女相聚的日子。而在传说中，织女不仅是掌管纺织业的神仙，而且也是女性的保护神，所以在古代七夕这一天，女孩子们纷纷穿针引线，向织女“乞巧”，因此七夕节又被称为“乞巧节”，乞巧也成了这个节日中一个特别的游戏。

唐代诗人林杰作了一首名叫《乞巧》的诗，描写当时家家户户穿针乞巧的情景：“七夕今宵看碧霄，牵牛织女渡河桥。家家乞巧望秋月，穿尽红丝几万条。”诗中的“穿尽红丝”，指的就是女孩子们在月下穿针引线，以速度快慢来判断巧拙的游戏。每年七夕佳节，不只民间，宫廷之中也会举办隆重的乞巧仪式。嫔妃、宫女们纷纷拿起九孔针和彩色丝线，对着月亮穿针引线，乞巧许愿。

七夕乞巧是中国古人最喜欢的节日活动之一，在历朝历代都受到人们的欢迎。唐宋时期，除了穿针乞巧，七夕节还流行一种观察蜘蛛结网的游戏。在七夕这一天，姑娘们会去捉来蜘蛛装在巧盒中，等到第二天打开，看它是否结网，并且相互之间比较，看谁的巧盒中蜘蛛网结得最好。如果谁盒子中的蛛网结得又圆又正，谁就算是“乞得了巧”。这种游戏可以追溯到汉朝，当时的姑娘们也是把蜘蛛封在盒子中，然后第二天根据盒中蜘蛛网的疏密来证明巧拙。宋元时期的七夕乞巧活动是全民的盛会，城市中甚至有专门售卖乞巧物品的市场。市场从七月

一日起就开始热闹起来，一直到七夕之前，人流熙攘，车马夹道，热闹异常。瓜果点心、针线布帛等各式乞巧小物品，在市场上随处可见。古人对七夕乞巧的喜爱与重视可见一斑。明清时期，民间还出现了一种有趣的投针乞巧的方式。女孩们将绣花针投入水中，通过观看针在水中的影子来判断是否得巧。如果针影是花鸟鱼虫、剪刀等精致的形状，就说明乞巧成功；如果是像锤子一般粗，或是像发丝一样细的，就是手拙的象征。

七夕节的乞巧活动在后来继续发展变化着，在不同的地区演化出不同的形态。比如在福建省，妇女们不仅乞巧，还有乞美、乞子和乞爱情的。她们乞巧的活动也别具特色：一种是"卜巧"，就是用占卜用具来问自己是巧是拙；另一种是赛巧，就是在一起比穿针引线的速度，快的就称“得巧”，慢的就称“输巧”。又比如在广州，姑娘们会用一种参拜菜苗的方式来乞巧，她们事先会将豆谷放进小盒里，用水浸泡，使其生根发芽，等到芽长到两寸多长时，便用它来拜神，称为“拜仙禾”或“拜神菜”。

这些游戏在今天看来，更多的只是一种娱乐活动，没有什么科学依据，并不是乞巧就真能“得巧”，更多只是古代人内心的一种希冀。在古时候，人们一直将是否擅长女红作为评定一个女孩子是否能干的标准之一，于是，这个有趣的游戏便成了姑娘们期盼和证明自己心灵手巧的一种方式。

# 第三章 动动手和脚

- 手影戏和手脚赛
- 摇摇掌中拨浪鼓
- 折纸与剪纸
- 击壤与投壶
- 蹴鞠和马球
- 拔河与踢毽子

# 手影戏和手脚赛

小时候，每当茶余饭后，闲来无事的时候，长辈们会坐在庭院中，教我们如何用手比出各种各样的形状，然后借着光照过来投射到墙面上的影子，手的形状就会映出各种各样的影像，比如小鹰、小兔、小螃蟹、小马、小鸡、小鸭……甚至小人，都曾给我们的童年带来过无尽的趣味。

手影戏是我国的一种传统戏剧，在中国有上千年的历史，自南宋时起就曾流行于浙江一带。宋代文人耐得翁的《都城纪胜》中提到：“以手势向灯取影，作种种姿势为戏。”说的就是这种手影戏。手影戏不要求十分复杂的设备，只要一盏照明用的灯，和一面可用来投影的幕或墙，就能够通过巧思，借手势的变化呈现出不同的物像了。

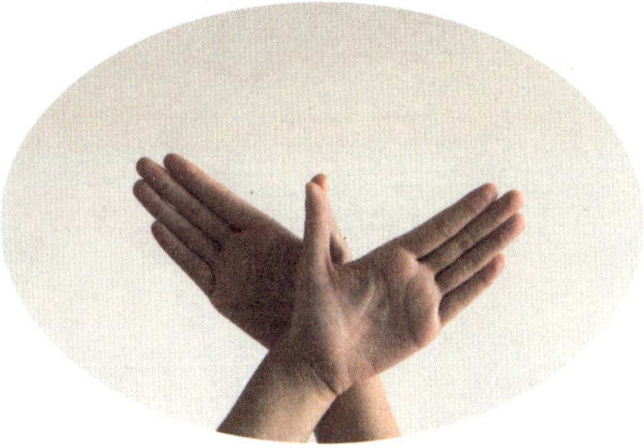

两手十指变化多端，比如除拇指外的四根指头交叉，手掌合拢，拇指相对弯曲，映在墙上， 就是一只小螃蟹的模样。还有一只手也能做的，拇指和食指微曲，中间露出一点点小孔，食指透出更长些，其余三个指头蜷起，然后光一打过来，活脱脱就是一只可爱的小鹰了。

这是个很容易做的游戏，只要有人、有光、有墙的地方就可以，要是参与的人多了，你来我往的，很容易就搭配出一墙的热闹。有人曾写诗称赞这种游戏：

三尺生绡作戏台，全凭十指逞诙谐。

有时明月灯窗下，一笑还从掌握来。

因手影戏主要表现各种各样的小动物的形态，这是儿童们爱看的内容，因此颇受孩子的欢迎。这种游戏不仅能够给孩子们带来乐趣，还可以启发他们的思维，对开发他们的智力十分有好处。在这里顺便一提，同样是通过光影和幕布，中国还有一种成人与儿童都爱看的传统戏剧——皮影戏。它也叫“影子戏”或“灯影戏”，是一种用灯烛照射兽皮或纸板剪成的人物影像，在幕布上表演故事的民间戏剧。表演时，艺人们坐在白色幕布后面，一边操作着皮影形象，一边用当地的特色曲调讲述生动的故事，同时配上各种音乐，这种戏剧有画面、有声响，在没有电影和电视的年代，曾是最受人们欢迎的娱乐活动之一。

除了手影戏，古代的孩子们还常常会玩一种叫手脚赛的游戏。手赛就是我们常说的猜拳，或者叫石头剪刀布，人们用比手势的方式来决定胜负、判定输赢，石头砸碎剪刀，剪刀铰碎布，布包住石头，每当出拳的时候，人们总是一边出一边喊着：“石头、剪刀、布！”喊完一看，胜负一下子就明白了。脚赛是手赛的延伸，是用打脚势来决定的：双脚并拢代表石头，左右分开代表布，两只脚一前一后代表剪刀。这种游戏就是在今天，也依然广受人们欢迎。看起来玩法简单，但要想取胜却并不能全靠运气，需要好好地根据对手的习惯来猜他的出法，这也需要好好费一通脑筋呢！

原来，我们的手脚不仅能用来工作劳动，还能用来休闲娱乐，这真是一件奇妙的事！而且，无论是手影戏还是手脚赛，玩起来都不复杂，大家可以在闲暇时候一起玩一玩，看谁的手影戏做得最像、谁的手脚赛赢得最多。

# 摇摇掌中拨浪鼓

或许大家会觉得，只有稍微大些的孩子才会有属于自己的玩具。其实不然，当你们还是襁褓中的小婴儿的时候，长辈们就已经为你们准备好一种可爱的玩具了，它就是拨浪鼓。说起拨浪鼓，大家应该都不会陌生，即便长大后不再会经常拿起它，但或许在家中的某一个角落，人们依然能偶然发现它的踪迹。每当拿起拨浪鼓轻轻摇动，听着它悦耳的“咚咚”声时，人们的心中总会产生一种说不明的亲切感，就像是碰到了一位久别重逢的老朋友。

拨浪鼓是一种传统的民间玩具，是幼儿

们的玩具。拨浪鼓具有十分悠久的历史，早在战国时期，它就已经出现在人们的生活当中了。一个拨浪鼓由一面小鼓、鼓下的手柄和两侧悬挂的弹丸组成。只要一转动鼓柄，弹丸就会飞起击打在小鼓面上，发出声响。做成拨浪鼓的材料有很多种，鼓身可以用木、泥、纸等材料制作，而鼓面则可由牛羊皮或纸张制成。拨浪鼓在我国十分普及，天南海北的家庭中都能发现它的踪迹。

拨浪鼓在早期不仅是一种玩具，也是一种乐器。鼓乐器的产生是它出现的基础，如今可以追溯到的最早的拨浪鼓，当属战国时期一种叫作“鼗”（táo）的打击乐器，这种鼓比当时普通的击打鼓要小，下端有柄，两侧有双耳，摇动时能够双耳自击鼓身发出声音，只是因为体形较大，转动起来不能自如，所以它发声的节奏、声音的大小都不太容易控制。这种“鼗”在古代虽然是被当作一种乐器，但无论是从形状还是从

发声的方式来看，它都可以被看作后来拨浪鼓的原型。



拨浪鼓在宋代时开始有了其他的用途。民间的卖货郎们在走街串巷售卖货品时，常会手摇拨浪鼓来招引顾客。南宋画家李嵩有一幅名叫《货郎图》的风俗人物画，画面上的货郎手中的拨浪鼓造型十分引人注目。它的鼓柄呈葫芦状，鼓身稍宽，像一个罐子，两侧双耳下不见弹丸，而是垂着两根皮带，像是需要用皮条抽打鼓面来发声。画中还有一个特别的“四层拨浪鼓”，它是由从小到大的四个小鼓逐个叠在一起的。每个小鼓边都有弹丸做的双耳，鼓下同样设有光滑精致的手柄。现代人根据画面复制出了这种货郎鼓，摇动之下，“叮叮咚咚”的声响错落有致，

十分悦耳。

后来，拨浪鼓的其他用途渐渐消失，更多的是被作为孩子们的玩具。拨浪鼓不仅能发出悦耳的声音，还拥有十分漂亮的外貌。人们常会在它的鼓面或鼓身上加彩绘装饰，使它看起来明艳悦目，很讨孩子们的喜欢。尤其值得一提的是，从几千年前诞生起直到现在，拨浪鼓历经岁月的淘洗，却几乎没有改变自己的玩法和外形。每当人们拿起小小的拨浪鼓，轻轻一摇，那清脆悦耳的声音，似乎能够传递到千年之前去。

# 折纸与剪纸

纸自发明之日起，就成为人们生活中最常用的物件之一。因此，以纸为戏的娱乐活动，从古到今都十分常见。折纸和剪纸是其中最主要的两种。

折纸是最古老的纸制玩具之一，人们将纸折成各种形状，用来描摹身边的各种形态。人物、动植物、生活中的各种器物等，都是折纸游戏中常常出现的形象。但因为古代早期并没有纸张，直到西汉时期，中国人才造出了世界上最早的纸，而且早期的纸张产量不多，也没有普及开来，人们不大可能将它们折起来当作玩具，而后

代又始终缺乏关于折纸的记载，因此，折纸游戏究竟起源于何时何地，至今仍没有确切的答案。

如今有一种说法认为，折纸是起源于日本的。大约在公元六世纪左右，造纸术传入日本。后来，折纸在日本兴起，一些纸模型、纸花、纸偶开始出现，它们逐渐被运用到一些礼仪活动当中，并一直流行到今天。还有一种说法认为，折纸艺术的发展与阿拉伯人有着密切的关系。他们将从欧洲学到的数学原理运用到折纸中，并且利用折纸来研究几何学，这是折纸与数学相结合的开始。他们还将折纸艺术继续向外传播。

不论折纸艺术究竟起源自哪里，造纸术的发明依然是它产生的基础。

而在早先没有纸的时期，人们只能用叶子、树皮等来做类似的游戏。如今，折纸游戏已经非常普遍，除了上面提到的人物、动植物等内容，孩子们爱玩的纸飞机、纸风车、纸飞镖等，也都是许多人珍贵的童年记忆。

剪纸是用剪刀或刻刀在纸上剪刻图案，用作装饰或配合其他民俗活动的民间艺术。因为我国从西汉之后才开始有纸，所以在早期人们只能在布帛、金属等物品上雕饰花纹。纸张出现后，人们才开始用纸剪出各种工艺品。剪纸在早期，更多地用于丧葬仪式，人们用剪出的物件代替实物为逝者送葬。到了宋代，剪纸艺术正式形成，剪纸的内容也越来越丰富起来，动物、植物、建筑、器物，甚至民间传说等。明清时期，剪纸工艺达到鼎盛，从宫廷到农家小院，处处可以看到剪纸的踪影，这说明剪纸已经成为全民的艺术。而且，因为灵动的剪纸艺术象征着心灵手巧，所以对于古代的少女们而言，剪纸不仅是她们最喜欢的一种游戏，还是她们出嫁前必须学会的技能。可以想象，古时候，姑娘们一定常常聚在一起，一边相互欣赏对方的剪纸作品，一边偷偷比拼各自的剪纸技艺，花花绿绿的剪纸映衬着少女们美丽的脸庞，该是一幅多么其乐融融的画面啊！

作为生活中常见的用具，纸张却能摇身一变，成为这么有趣的玩具及工艺品，带给人们无穷的乐趣，实在是令人惊叹。

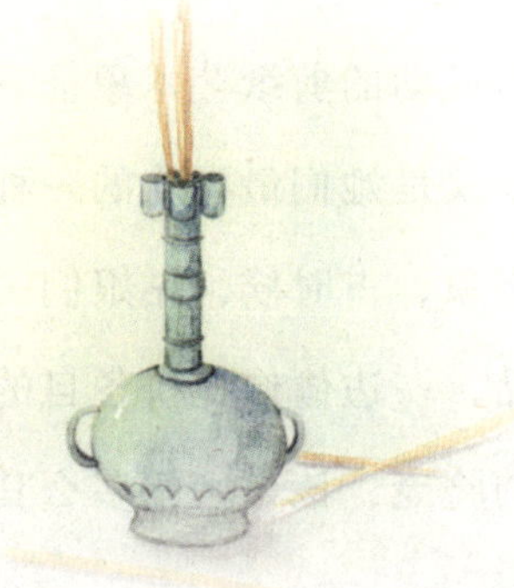

# 击壤与投壶

中国有一种非常古老的投掷游戏，名叫击壤。《释名》中说："击壤，野老之戏，盖击块壤之具，因以为戏也。"击壤来源于很古老的时代，这种游戏早期其实是由投掷工具变化而来的。关于古代击壤的玩法，晋代周处的《风土记》中记载得非常详细："壤以木为之，前广后锐，长尺四寸，阔三寸，其形如履。将戏，先列壤于地，遥于三四十步，以手中壤敲之，中者为击。"这里的壤就是两块形状像鞋子的木板，玩的时候将其中之一放在地上，然后用另外一块击打它，击中为赢，不中即输。如今，击壤游戏已经不常见了，但它也没有完全消失，而是转变了一些形态，依然存在于一些地方，细心的你可以关注一下，看看能否发现它们的踪影。

投壶起源于中国古代的“射礼”，是非常高雅的活动，更多流行于上流社会士大夫之间，品行不端的人是不允许参加的，通常在宴会上进行。有意思的是，主人邀请宾客投壶，但客人不能马上答应，要先委婉地拒绝两次，到第三次邀请才同意，即所谓“三请三让”，这样才是有礼貌的做法。另外拿箭的姿势也有讲究，地位高的人才可以把箭摆在地上，投一箭拾一箭，地位低的，必须把所有的箭都抱在身上。比赛采用三局两胜制，胜者要赐给败者罚酒，抵赖不喝也是不行的。

投壶虽然是一项相对安静从容的体育活动，但仍属竞技性质，要罚酒，投壶比赛有时也会弄出火药味来，特别是在掺杂了一些政治因素的情况下。据《左传·昭公十二年》记载，公元前530年，晋国发生了一场著名的投壶比赛事件，对阵选手分别是晋昭公和齐景公，观众包括两国大臣以及郑定公、卫灵公等远道而来的贵客。当时，晋昭公刚刚即位，他的父亲晋平公去世前是诸侯国盟主，晋昭公很想子承父业，便想借助庆祝自己即位的这次国际聚会表达想法。宴饮中投壶时，晋昭公先投，晋国大臣中行穆子便跳出来致辞："我们晋国有酒多如淮水，有肉多如水中高地。我们国君若一箭投中，当为诸侯之尊。"话一说完，晋昭公果真一投而中。

齐景公身为一等大国国君，本来就不服晋国做盟主，这下当然不乐意了，说："我们齐国也是酒多肉多，我若一箭投中，就要代替贵国成为霸主。"说完，也是一投而中。两位国君把盟主作为投壶的"赌注"，于是这一场投壶游戏便也带上了政治色彩。而两位国君都能一投而中，也说明他们平时经常玩投壶这种游戏。

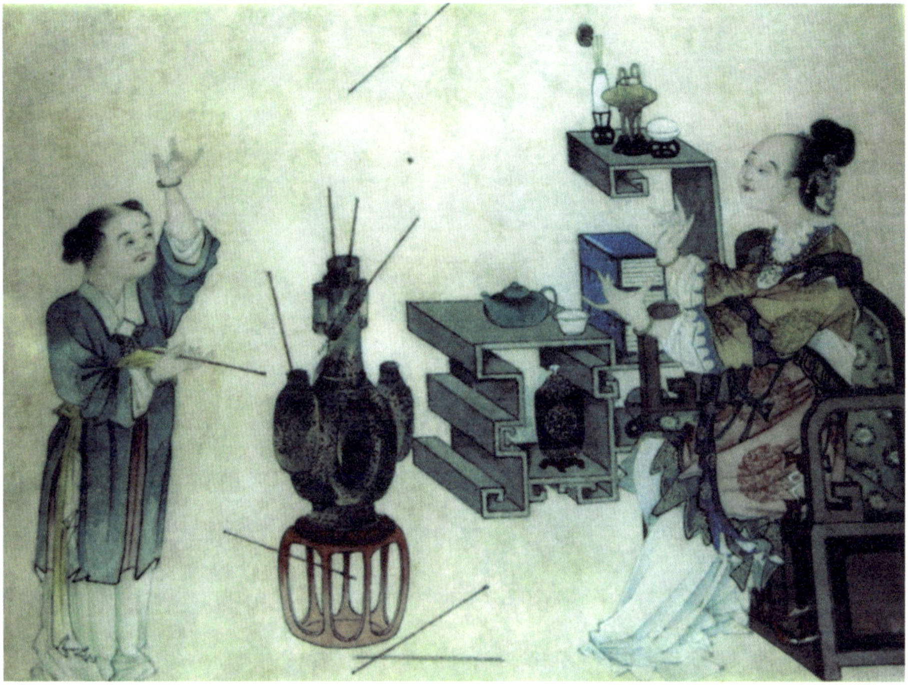

# 蹴鞠和马球

每当路过公园或者体育场，看到一群男孩子青春勃发地奔跑于茵茵绿草上，你追我赶、你来我往地争抢一只足球，那场景，真是说不尽的快意刺激。足球有“世界第一运动”之称，是男孩子们最爱玩的游戏，就连女孩子们有时也会按捺不住，上前踢上两脚。

大家知道，现代足球起源于英国。但可不要以为这种球类游戏就是英国人的独家专利。其实，我们的老祖先几千年前就已经发明了球类运动，他们称它为“蹴鞠”。两个字都是“足”字旁，一看就知道是跟脚有关的运动。古代的蹴鞠和现在的足球运动略有不同，不光强调力量和对抗，也比拼花样和

技巧，男女老少都可以参与，是中国古代很受人们欢迎的游戏。

蹴鞠起源于两千多年前的战国时期，司马迁的《史记》中就记载着当时老百姓进行蹴鞠比赛的场面。而到了秦汉时期，蹴鞠更是成为朝廷操练军士的项目，被看作是“治国习武”之道，于是，军营里便如火如荼地开展起各种蹴鞠比赛，平民百姓也常在街巷中玩蹴鞠游戏。

唐宋时期是蹴鞠运动最鼎盛的时期，不只民间，就连宫廷中，也出现了“球不离足，足不离球”的场面，唐人还改良了球的质地，使它变得更加轻盈而有弹性，此时还出现了专业的蹴鞠女艺人。到了宋代，蹴鞠运动已经非常发达，不仅出现了许多专门的蹴鞠社团，还产生了许多著名的球星，比如高俅、柳三复等，都是当时人们耳熟能详的蹴鞠明星。宋代时，每年寒食这一天，人们都会进行蹴鞠比赛，在一些宴会上，还能看到精彩的蹴鞠表演。

元明时期的蹴鞠运动还十分流行，女子也能积极地参与蹴鞠活动，元代戏曲家关汉卿的散曲中有两首《女校尉》套曲，讲的就是女子蹴鞠艺人表演时的盛况。不过清朝以后，蹴鞠运动渐渐消失，现代足球取代其进入人们的生活，成为最受欢迎的球类运动之一。

马球也称为“击鞠”“击球”，和蹴鞠不同，马球的参与者不用近身对抗，而是要骑在马上用长柄手杖击球。这样的游戏方式具备一定的危险性，必然要求参与者具备高超的骑马技术，以防从马背上摔下，或是被奔跑的马匹撞伤踩伤，但马球引人入胜之处正在于它的紧张激烈。

据统计，唐代的十九位皇帝中，有十一位都喜爱马球。皇帝们还命令士兵们积极练习马球，把它用作训练骑兵的重要手段。

另外，马球在古代还是一种很重要的外交手段。景龙三年（709年），唐朝和吐蕃结束了长期的军事摩擦后，再次建立友好关系。吐蕃使者到长安后，提出打一场友谊赛。最后唐朝大获全胜，赛出了国威。这场比赛中的四个王牌运动员中两个就是中宗的女婿。还有一个就是大名鼎鼎的李隆基，即后来的唐玄宗。吐蕃赞普派遣的大臣们心服口服，最终恭恭敬敬地迎娶金城公主回到吐蕃，表示两国交好。

在马球这项运动中，古代的女子可谓巾帼不让须眉。南宋皇宫中的贵妃崔修仪，就曾组建了一支女子马球队，并亲自担任队长。当时，入选女子马球队的队员要达到三个条件：第一，体态要丰腴一点，不能太苗条，否则没有力量；第二，要有才华，最起码都得会吟诗；第三，当然要会骑马了。打马球必须经过系统的严格培训，从最基本的骑马技术入门，到掌握高难度的马球技艺，起码要两年，才有可能上马打球。而握杆、举杆、下腰、挥杆这些只是最基本的动作，日常训练相当辛苦，堪比现在的国家运动员。

明清以后，马球这种运动在中国民间渐渐销声匿迹，但它早在十三世纪左右的时候就已被传出国门，走向世界。如今，打马球这项古老的游戏依然流行于世界上的三十多个国家，平时，利用电视、电脑等，观看马球比赛，也能为我们的生活增添不同的精彩。

# 拔河与踢毽子

每到体育课上，大家总会三五成群地参加各种各样的活动。其中，拔河和踢毽子都是大家常选的游戏。而当你们各执绳子的一端、勉力拉拽的时候，或是抬起腿脚，一下下踢起毽子的时候，你们应该知道，这两种游戏在我国都有非常悠久的历史，都是中国传统的游艺活动。

拔河早在春秋时期就已经产生了，不过那时人们并不是将它作为一种游戏，而是作为作战时的一种战术。于是，拔河也就有了“钩强”等名称。战国时期的典籍中记载说，“钩强”是中国木匠之祖鲁班发明的，是为当时和楚国水军作战所设计的武器。它可以用来钩住敌方的船只，以防敌方逃脱。后来，这种战术发展到陆地上，又渐渐流入民间。

“拔河”一词最早出现于唐代，人们用麻绳代替竹篾绳索，在麻绳正中间的位置插旗作为界限，又在旗杆两头的地面上各画一条线作为界线，人们将这两条线称为“河界”，因此这种游戏便得名“拔河”。在比赛开始后，上百名拔河者一齐施力，直到一方把另一方拉过河界为止。唐代也是拔河游戏最为兴盛的时期，从王公大臣到平民百姓都十分喜欢这项活动。唐代史料中曾生动地记述了唐玄宗组织的一次大规模的拔河。当时参加此次拔河的人居然多达一千余人！场面规模之大，简直令人叹为观止。唐玄宗还命人为这次拔河事件写诗作文，他自己也亲自作诗道：“壮徒恒贾勇，拔拒抵长河。

欲练英雄志，须明胜负多。”描写的正是当时两组武士奋力拔河争出胜负的壮观场面，他在序言中专门提到，传说玩拔河的游戏，可以求得农业的丰收，因此他便组织了这次拔河比赛，祈求丰年的同时，也让大家快活快活。

拔河也是深受百姓们欢迎的游戏。尤其在元宵、清明等传统节日时，锣鼓喧天的拔河竞技，更为人们增添了许多节日的乐趣。唐代也留下了记录当时民间拔河游戏的史料，为后人展现了拔河游戏的古今差异。古代参与拔河的人数要比现代多很多，每次都有几百人参加，再加上几千名观众，场面特别热闹。所以，古代的拔河游戏便无法像如今一样只用一根绳子，而是要在一条大绳的两头分别系上数百条小绳，再在大绳中间立一面大旗作界限。开拔之前，人们分成两队套好麻绳，只等一声令下便开始奋力朝己方拉拽，最后被牵动者为输。当时的拔河游戏，是万众瞩目的活动，拔河一开始，助威声震惊远近，整个节日的气氛都被这场游戏烘托到了极致。

踢毽子又称“攒花”“打鸡”，是一种用腿脚踢打毽子的游戏。踢毽子同样拥有着非常悠久的历史，在近现代考古发现的汉砖上，人们就发现了古人踢毽子的画面。这说明，大约在两千年前的汉代，人们就开始踢毽子了。南北朝时有一个叫慧光的和尚，就是当时著名的踢毽子高手。他曾在天街水井旁反踢毽子，一次能踢五百下，引得众人纷纷围观。因为踢毽子能活动筋骨、强身健体，人们在踢毽子时还能做出各种好看的花样，十分具有观赏性，所以受到历代人们的喜欢。在宋朝时，都城临安城中就有许多专门制作和售卖毽子的作坊，可见当时踢毽子游戏的普遍。当时的人们聚在一起踢毽子，还发明出“拖抢”“耸膝”“突肚”“佛顶珠”等各种技法。明清时期，踢毽子游戏更加流行。清代时坊间流行一首歌谣，当中就有这么一句：“杨柳黄，踢毽忙”，踢毽子已成为民间歌谣的内容，俨然已承载了当时许多人的快乐回忆。

古代坊间还有专门以表演踢毽子为生的艺人，这些艺人踢毽子的水平十分高超，踢时手舞足蹈，一刻也不停息。除了能用脚踢，他们还能用手、头、肩、背、胸等各个部位踢出上百种花样，使毽子始终在空中跳跃，不致坠落，这表现出艺人们高超的身体协调能力和控制能力，堪称绝技。

从古到今，踢毽子尤其受到女孩子们的喜爱，是最常见的闺中游戏之一。女孩子们踢毽子的形态既轻盈又曼妙，是一幅很美好的画面，因此在古时候常常入诗入画。

踢毽子之所以能广泛流行，和毽子容易制作、踢毽子又简单好学的特点是分不开的。在古代，做毽子的材料随处可见，几枚铜钱做成底座，在其中一面缝上半截鹅毛管，再在上面插上几根鸡毛、一些碎布或是几根绒线，一个毽子就做成了。而踢毽子的技巧虽多，但基本的只有盘踢、拐踢、蹦踢和磕踢四种踢法。盘踢是其中最常见的踢法，一条腿由外向内弯曲摆动，用脚踝内侧踢毽子；拐踢和盘踢相反，是从内向外踢，用脚踝外侧踢毽子；蹦踢是将腿脚绷直，用脚尖踢毽子；磕踢则不是用脚，而是用大腿和膝关节踢。人们从这四种踢法出发，又发明出许多种花样踢法。

拔河和踢毽子这两种游戏，经过了历史岁月的淘洗，在今天依然具有很强的生命力，是现代人常玩、爱玩的娱乐活动。

# 第四章　闲时雅戏

- 古老的东方魔板
- “解不开”的九连环
- 斗茶与分茶
- 弈棋不如观棋
- 曲水流觞
- 文字游戏

# 古老的东方魔板

在中国，很多人都喜欢拼图游戏。人们将一幅完整的图拆成许多块，再遵循一定的规律将它们组合起来。拼图游戏在中国有悠久的历史，我们的老祖先发明出了各式各样的玩法，其中最有名的就是七巧板。

七巧板，顾名思义，就是由七块样式不同的板组成的。制作七巧板非常简单，就是拿一块正方形的木板或纸板，将它们剪裁成一块正方形、一块平行四边形、五块等腰三角形（两块小三角形、一块中等三角形和两块大三角形）。可不要小瞧这区区七块板，将它们拆分组合、变换位置后，可以变化出上千种图案，比如可爱的小动物、漂亮的房屋、美丽的姑娘、行驶的车船，等等。七巧板的变化无穷，但需要的器具却很少，操作也便利，所以几千年来一直很受人们的喜爱，被称作古老的“东方魔板”。

关于七巧板的产生，现在有几种不同的说法。有人觉得它来源于唐代一种叫“燕几”的家具，“燕几”是唐代人用来宴请宾客的桌椅，这些桌椅并非固定不动，而是可以根据宾客的多少而任意地组合，这其实就和七巧板任意组合的原理很相近了。但这种组合在唐代的运用还不是很完全，到了宋代，一个叫黄伯思的文人对这种“桌椅”进行了改进，设计出了一种名叫“七星桌”的桌具，这是由六种长方形的桌案和一张小几组成的，七件桌几组合在一起能拼合成一个大正方形，拆开时则可以根据宾客的多少来摆放。固

定的摆设中都能生出变化，“燕几”真是古人智慧的象征。

在这样的基础上，七巧板就逐渐产生了，人们用它来描摹各种物体的样态，随手一动，它的样式就会发生改变，足够人们用来解闷，所以无论孩子还是成年人，都很喜欢这种玩具。历史上，明清两代的人们更是对它爱不释手。后来，七巧板还走出国门，风靡世界，像安徒生、拿破仑这样的名人， 也十分喜欢玩七巧板呢！而在中国就更不必说了，一直到今天，七巧板依然是孩子们熟悉的玩具。

知道了七巧板的来历，大家是不是更加喜欢这种玩具了？大家不妨一起翻出自己以前玩过的七巧板，看看一副七巧板能拼出多少个不同的凸多边形。然后比一比，看谁拼得多。

# “解不开”的九连环

古时候，如果要说谁心灵手巧，有时会说：“像他这样的，一定能解开九连环！”宋代有个词人叫周邦彦，他有一句词是这样写的：“纵妙手，能解连环。”可见，能解连环是古人心目中聪明巧手的象征。解连环是古代很流行的一种游戏，而这种游戏最常见的形式是解九连环。

九连环原来叫玉连环，一般是先用金属丝做成九个圆环，然后将九个圆环连在一起，套在横形架上。看似简单的结构，实际上却有它的复杂性，复杂到玩过的人们都很难说清楚它究竟是怎么样玩的。玩法是先把九个环全部串

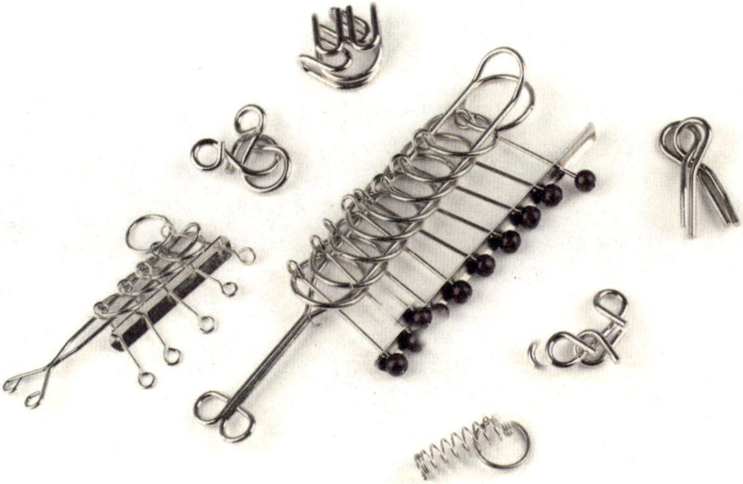

在架子上，然后经过复杂的穿套操作将其全部解下来。因为环数多，所以解法复杂、变化多端。要解开九连环，需要经过许多次上下，才能将相连的九个环全部套在一个柱子里，再经过许多次上下，才能将九个环全部解开。这个游戏不仅需要聪慧，更需要细心和耐心。聪慧能帮助人们找到解环的规律，细心和耐心则能帮助人们经历上百个步骤，然后将环打开。

九连环不一定是由九个环组成的，也有是五环、七环等，它还有各种各样的式样，还有不同的装饰，但总体来说，这一类的玩具都被称作“九连环”。

用铜、铁等金属丝制成的九连环产生较晚，应该是到明代才出现的。而更早时期的“连环”，更多指的是用玉石制成的、可以拆开的双环。

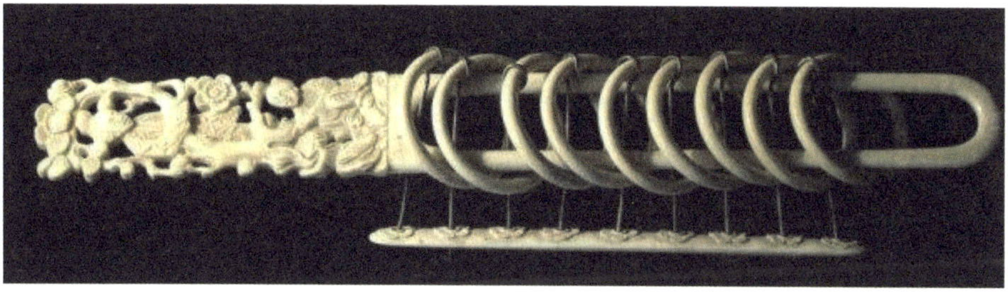

古代流传过这么一个故事：战国时，秦国派使者去齐国，送给齐王一个玉石做的双环，然后对齐王和臣子说："听说齐国有很多聪明的人，能够解开这个环吗？"齐国大臣纷纷尝试，却没有一个人能够解开。于是到了后来，人们就将能解开连环看作智慧的象征。

其实，只要掌握了规律，解开连环并不是一件困难的事。九连环连在一起，但第一环却能自由上下，所以，每环的一上一下，就成为了解开连环的秘诀。那么这些连环究竟是怎样一上一下的呢？有兴趣的读者赶紧去买套九连环玩玩吧！

# 斗茶与分茶

茶是我们中国人最常喝的一种传统饮品，中国也是茶的故乡。中国人种茶、产茶、饮茶，茶和中国人的生活息息相关。再加上历朝历代的文人的参与，中国形成了源远流长的茶文化。茶圣陆羽在《茶经》中写道：“茶之为饮，发乎神农氏，闻于鲁周公。”在传说中，上古时代的神农氏最早发现了茶，到了西周时期，周公又将茶宣扬开来。

斗茶又称“茗战”，是古代人们评定茶叶优劣的一种比赛。中国人饮茶，重在一个“品”字，这也是这种比赛形成的原因。斗茶出现在唐朝时期，在宋朝时达到鼎盛。在比赛中，参赛者各自取出自己珍藏的好茶，细心烹煮后，请名士前来品尝，然后定出高下。比赛时，多是多人共斗，或者两两一组捉对厮杀，然后决出胜负。

斗茶的内容主要包括斗茶品、斗茶令和茶百戏三种。斗茶时讲究茶要“新”、水要“活”。茶叶以春天清明节前后的嫩茶为佳，点茶时的沸水要“不老不嫩”。斗茶时，一斗汤色，二斗汤花。所谓“斗茶先斗色”，人们首先要看茶汤的颜色是否鲜白，如果茶汤呈纯白色，就说明茶质鲜嫩，火候也适宜，是一杯上好的茶。汤花是指茶水表面泛起的泡沫。宋代时，人们喝茶的方式和今天不同，一般会先将茶叶制成团茶或茶饼。饮茶时，先将茶饼碾碎，再将磨成粉末的茶叶用开水冲点，然后用调茶工具“击拂”，使茶汤表面出现汤花，汤花多且持续时间长者为佳。如果这些过程都处理得恰到好处，汤花就会显得均匀细腻，能够紧靠杯沿，经久不散，这种最佳的效果叫作“咬盏”。如果汤花不

能咬盏，而是很快地散开，汤与盏相接的地方就会立刻露出“水痕”。斗茶时以水痕晚出者获胜。

古人也会在斗茶时行茶令，这和他们在饭桌上喝酒行酒令相似。茶令之中吟诵的诗文及提到的故事，都要与茶有关。茶令如同酒令，可以增加斗茶的乐趣。

宋代还流行一种别具一格的游戏，名叫“茶百戏”，又称汤戏或分茶。茶百戏能令汤花在茶汤的映衬下，显示出千变万化的景象。这是一种十分神奇的游戏，简单的茶汤经过游戏者的搅动，竟会在汤面上浮现出山水烟霞、花鸟鱼虫之类的图像，并且图像精巧，如同精心描绘的画，被人们称作“水里丹青”。巧妙绝伦的茶百戏不仅是一种有趣的游戏，更是宋代士大夫们崇尚的文化活动。

斗茶与分茶都是中国古人在喝茶之余发明的娱乐游戏，它们既展现了我国茶文化的博大精深，也展示出中国人对生活的精致追求。如今，斗茶游戏还在一些产茶地区继续流行着，而分茶游戏则渐渐消失在人们的生活中。不过，茶饮品在当今依然受到人们的欢迎，与茶有关的游戏也会在新时代焕发出新的生机。

# 弈棋不如观棋



今天，我们如果要形容一个人很有才艺，有时会夸赞他“琴棋书画样样精通”，“琴棋书画”分别指的是弹琴、下棋、书法和画画，是古代文人必须掌握的技能，所以也被称为“文人四友”。而其中的下棋，却单指下围棋。从古到今人们常玩的棋类有许多，如围棋、象棋、跳棋等，今天依然流行于生活当中，它们各有各的玩法，也各有各的乐趣，但要论其中最特别、影响也最深广的，还是要数围棋。围棋是我们中国人发明的游戏。

围棋在古代叫作“弈”，下棋的两人各执黑白一色棋子，黑子先下，白子后下，交替在棋盘上落子，每次下一子，以包围和反包围的方式决出胜负。围棋的棋盘上，有纵横交错的直线，棋子落在棋盘上，它上、下、左、右的直线交叉点，都被称作棋子的“气”。有“气”，棋子才能在棋盘上生存，无气则会被从棋盘上拿掉。将对方的无气之子拿出棋盘外，叫作“吃子”。棋盘方正，棋子灵动，下棋的人不同，棋盘上的走向就不同，所以，古往今来从没有两局一模一样的棋局。

关于围棋的起源，有这样一个传说，说上古五帝之一的尧有一个儿子，名叫丹朱，丹朱的品行不好，这让作为父亲的尧很是失望。他想纠正儿子的品行，于是就绞尽脑汁，发明了“围棋”这种游戏，来陶冶丹朱的性情。这只是一个传说，当时的情形究竟是怎样的谁也说不清，但通过这个故事我们能够知道，下围棋不仅可以开发智力，还可以陶冶性情。

自从围棋出现以后，就受到了历朝历代人们的欢迎。春秋时期，大圣人孔子就曾告诫弟子说，吃完饭如果没事做，就可以去下下围棋。孟子更是为我们记下了历史上第一个名见经传的围棋国手弈秋：“弈秋，通国之善弈者也。”奕秋正是凭借着棋艺高超而名扬天下的。

到了汉代，因为当时围棋和神仙之说盛行，所以当时流传有各种各样的神仙棋话。当时民间还流传这样一个说法：两个人下围棋，赢了的人终年有福，输了的人终年疾病，只有求南斗星君和北斗星君才能免于祸患。可为何这种生死福祸之事要用下围棋这种方式来决断呢？因为在传说中，南斗星和北斗星最爱下棋。

围棋在两晋南北朝时期迎来了高潮，晋代棋风极盛，上至帝王将相，下至平民百姓，都钟情于下围棋，堪称围棋的黄金时代。

围棋有两个十分有名的别名，分别是“坐隐”和“手谈”，《世说新语》中说：“王中郎以围棋为坐隐，支公以围棋为手谈。”“坐隐”的意思是说，下围棋需要全神贯注、心无杂念，坐在棋盘前就好像在隐居一样。而“手谈”则代表着，当两人下棋时，双方不用开口说话，就可以通过下棋来交流思想，就像在用手交谈一样。

唐朝也是一个围棋的黄金时代，在唐朝，围棋终于成了真正的游戏项目，并开始与“琴、书、画”合并在一起，成为一个人多才多艺的表现。当时的人们甚至以擅长下棋为荣、不善下棋为耻。在唐朝，人们评论说一个人书法水平不高，他听了也不会在意，但如果说一个人下棋的

水平不高，那人必然会恼羞成怒。唐代皇帝高宗、太宗和玄宗，大诗人杜甫、白居易等，都是大名鼎鼎的棋迷。民间也有许多水平高超的棋手，甚至还出现了不少厉害的女棋手，唐代有幅叫作《围棋仕女图》的名画，画的就是当时唐代喜欢围棋的女子形象。

中国围棋不光在本土大受欢迎，还传播到他国，受到别国人民的喜欢。日本是当今除中国之外，开展围棋活动最多的国家。唐朝时期，日本曾派许多“遣唐使”来唐朝学习。这些遣唐使将包括围棋在内的中国文化带回了日本，围棋于是也成为日本人民非常喜爱的游戏。

此外，因为棋戏玩法灵活，能够产生各种各样的变化，所以古代还流行过不少其他的棋戏，比如象棋、跳棋、弹棋、龟背棋等，它们有的已经变化甚至消失，但更多的还是被一代代流传下来，依旧丰富着今天人们的生活。

# 曲水流觞

当我们外出郊游，在山林间偶遇清澈的小溪时，这意外的惊喜总会令我们欢呼雀跃。流水潺潺，既灵动又有生气，看着看着，便会让人们的心情愉悦起来。古往今来，山林间的溪水一直哗哗地流淌，但在溪水边停留的人却不相同。而在古时候，每年春天的上巳时节，文人墨客们总会聚集在流水边，参加一场历史悠久的风雅游戏——曲水流觞。

曲水流觞是中国古代的一种传统习俗，它起源于周代。据说，当时的人们会聚在一起坐在流水边，然后将酒杯放入流水中，水流到哪里，哪里的人就要喝酒。因为这种活动中使用的酒具又

叫作“觞”，因此这种活动又被称为“流觞”。这种游戏源自一种名叫“祓禊”（又称“修禊”）的古老仪式，最初是上巳节的传统习俗。上巳节又称“三月三”，因在每年农历上旬的第一个巳日，故此得名。上巳节是“祓禊”的日子，这一天，人们会前往水边举行祭祀仪式来消除身上的疾病与灾祸。祭祀仪式结束后，人们便会在水边举行曲水流觞等活动。

曲水流觞后来渐渐发展成为文人墨客间诗酒酬唱的一桩雅事，备受文人、士大夫推崇。每年三月三日时，士大夫与文人纷纷出城前往江河池沼边，“为流杯曲水之饮”。公元353年，东晋大书法家王羲之和其子王献之、王凝之及谢安等四十一位名士，在会稽山阴的兰亭举行了一场集会，被传为千古佳话。王羲之在《兰亭集序》中写道：

永和九年，岁在癸丑，暮春之初，会于会稽山阴之兰亭，修禊事也。群贤毕至，少长咸集。此地有崇山峻岭，茂林修竹，又有清流激湍，映带左右，引以为流觞曲水，列坐其次。虽无丝竹管弦之盛，一觞一咏，亦足以畅叙幽情。

这是历史上关于曲水流觞的最有名的记载。王羲之等人在会稽山阴的兰亭祓禊完毕后，便坐在当地茂林中的溪流边，引曲水作流觞游戏。他们将盛了酒的觞放在溪中，任它从上游缓缓而下，经过弯弯曲曲的溪流，觞在谁的面前停下，谁就要饮酒赋诗。在这次游戏中，有十一人各作诗两篇，有十五人各作诗一篇，还有十六人作不出诗，各罚酒三杯。后来，王羲之将大家的诗作集结成册，并乘兴写下了举世闻名的行书作品《兰亭集序》，这篇作品被后人誉为“天下第一行书”。

曲水流觞是一种很风雅的游戏，人们在暮春时节参与其中，既能观赏美景，又能修身养性，还能为将来留下美好的回忆。只可惜，这种游戏在宋元之后渐渐衰微，到如今，也只能在故纸书中得见了。

# 文字游戏

我们在前面读到的游戏，大多是需要具体的玩具或其他器具的。然而，并不是所有的游戏都是如此，在中国古代，聪慧的人们寻找到许多种方式用以娱乐。就连人们日常使用的汉语，都能作为休闲娱乐的对象。宋代大文豪苏东坡曾经和友人一道夜游赤壁，一行人在兴致极高的时候，曾一起“诵明月之诗，歌窈窕之章”。可见，单就是吟唱文字构成的诗文，也能给人们增添快乐。

吟咏与创作诗文是古代文人墨客在一起常玩的游戏，每逢宴饮集会之际，或是登临名胜之时，他们往往会对眼前的情境或景致作一番吟咏。他们有时会吟诵前人的篇章，像屈原、李白、杜甫等大诗人的作品，都常被人们借来抒发感情。直到今天，这种抒情的方式依然流行着，现代人也常借用古人的诗句来抒发心中的种种情感。不过，古人吟咏诗文，可要比现代人多一些韵味，既带有丰沛的情感，又带有悠长的音调。古人说："动声曰吟，长言曰咏，作诗必歌，故言吟咏情性也。"人们吟咏的不仅是应景的诗文，更是不一样的性情。人们有时也会在集会宴游中亲自创作诗文，比如我们今天读到的一些"酬唱诗"和"应和诗"，都是古代此类活动的产物。古代文人还会专门结成诗社，以便定期聚会、共同吟咏诗歌。这种活动不仅

流行于男性文人之中，同时也受到有学养的女子们的喜爱，是她们在深宅内苑中休闲娱乐、打发时间的一种途径。《红楼梦》中就有闺中女儿们兴起诗社、共同写诗的情节，其中少女们在海棠诗社、菊花诗社和桃花诗社中共同写诗的场景，给读者留下了风雅怡然的印象。

对对子也是古人闲暇时常玩的文字游戏。这种成双成对的语句，既对仗工整，又音韵协调，是汉语的一种独特的表现方式，也是中华传统文化的瑰宝。相比于吟诵典雅蕴藉的诗文，对对子就显得简单灵便得多，同时也更接地气，所以更受到老百姓们的喜欢。只要对得巧妙，不管语言是俗是雅、思想是深是浅，都能成对联。你出“风声、雨声、读书声，声声入耳”，我对“家事、国事、天下事，事事关心”，可以成对；你出“开关早，关关迟，放过客过关”，我对“出对易，对对难，请先生先对”，也能成对。对联的文字也可以长短不一，长至几百字，短至一两个字，都能成为一副好的对联。尽管这种游戏在今天已不太流行了，但在古代，它作为人们你来我往、比拼才智的娱乐方式，一直受到人们的喜爱。

猜字谜也是一种历史悠久的文字游戏，它起源于中国古时的易经八

卦。人们要通过相关的提示性文字，按照某种规则，猜出指定的文字或事物等。这种游戏同样是利用汉字、汉语的特点而创造的。由于谜语内容丰富、形式多样、结构特别、含义奇妙，所以猜谜者需要具备广博的

知识和良好的思维习惯，还要掌握猜谜的方法，才能破解字谜，达到娱乐的目的。否则，人们猜了半天，伤了脑筋却始终不得正解，便会觉得索然无味。在字谜中，谜底不会像字典中那样，对谜面作出通常意义上的正确解释，而是会有意识地利用汉字、汉语的特点进行曲解。所以猜谜的时候，不能正面去想，而需要转一些弯，才能体会其中的隐喻，顺利猜出谜底。

吟诗作对与字谜，都是古人根据汉语的独特形式创造出来的游戏，它们不需要借助过多的玩具，随处都能做，随口就能来，既有趣又方便，既能娱乐休闲，又能启迪智慧，在漫长的时光里，带给人们无限的趣味。

# 第五章 时节幽赏

- 元宵赏灯会
- 花朝赏百花
- 重阳登高日
- 九九消寒图

# 元宵赏灯会

如果说在平时，人们总是忙于各种事情而无心专门玩赏的话，那么每逢节假日，便是大家可以问心无愧地为自己放假、纵情玩耍的时候。中国古代有众多有趣的传统节日，尽管它们时间不同、来源不同、风俗不同，但都为人们提供了娱乐休闲的机会，让人们能在节日中尽情释放自己的欢乐。各种各样的节日从正月起就开始了，人们的娱乐活动也随之开始。长长的春节假日里，人们往往会选择待在自己家中，享受与家人团聚的喜悦。但在春节的正月十五元宵节，人们会趁着夜色纷纷走出户外，进入五彩斑斓的灯火世界中。

从古至今，中国的元宵节当晚，各地都会举办一年中最盛大的灯会。会场上灯影斑驳、人头攒动，场面美丽而盛大。元宵观灯的习俗历史悠久，大约从东汉起就开始了。大约很少有人会不喜欢灯会的热闹与美丽，灯会一出现，在民间便大受欢迎。到了宋代，各地的赏灯活动更加热闹，赏灯活动要进行五天，会展上的活动样式也更丰富。历史上连续时间最长的是明代的灯会，人们可以连续赏灯十天之久。在这些被灯光照亮的晚上，人们关上家门，走入灯海，一边观赏花灯，一边游赏畅谈，悠闲快乐。

说起古代的灯会，便不能不提到灯。在中国古代，灯作为代替火的照明工具的同时，又有着极强的观赏性，同时也一直被作为一个神秘的意象，千百年来点缀着中国文人的夜生活。看看古代诗人们的诗句，刘禹锡“数间茅屋闲临水，一盏秋灯夜读书”，廓清了恬淡；李商隐“红楼隔雨相望冷，珠箔飘灯独自归”，道明了孤单；黄庭坚“桃李春风一杯酒，江湖夜雨十年灯”，又写尽了漂泊。灯对于人们太重要了，没有它，就照不出灯旁的不眠人；没有它，古代文人墨客们或许就描摹不出属于他们的夜。

古代中国人对陪伴他们度过夜晚的灯具的审美要求，比当代人严格得多。明代文人文震亨曾在《长物志》中记载道：“山东珠、麦、柴、梅、李、花草、百鸟、百兽、夹纱、墨纱等制，俱不入品。”“如蒸笼圈、水精球、双层、三层者，俱最俗。”“篾丝者虽极精工华绚，终为酸气。”“曾见元时布灯，最奇，亦非时尚也。”他将绘着花草鸟兽的丝灯纱灯都列为不入流，认为有水精球、多层样式的都俗气，也嫌弃篾条编制的寒酸，觉得元代的布灯罩不时尚。那文震亨眼中入流、脱俗、时尚的灯又该是什么样的呢？“灯样以四方如屏，中穿花鸟，清雅如画者为佳，人物、楼阁，仅可于羊皮屏上用之。”原来，这种灯要四方有屏风，中间绘着花鸟工笔，看起来清雅别致，才能合他的心意。

即便只是作为生活用具，漂亮的灯具依然能给人们带来不一样的审美体验。元宵赏灯在今天依然流行着，是各个地区一年一度的盛会。灯会上一盏盏精巧漂亮的花灯，既给我们带来了赏心悦目的感受，也赋予了我们不一样的仪式感。

# 花朝赏百花

一年之计在于春，春天百花盛开、姹紫嫣红，是一年当中最美的季节。人们常说“莫负春光”，就是要珍惜这个季节里大自然的馈赠，及时玩赏春色。今天的人们常常会在春天的周末，约上家人朋友一起外出踏青赏春。但这更多只是现代人们的即兴活动，而在古代，却专门有一个被称作“百花生日”的传统节日，它就是花朝节。在这一天，人们会倾城出行，去郊外赏花游春。因为中国地域广阔，各地气候迥异，花信不同，因而花朝节日期也有不同的说法，北方一般在农历二月十五，南方一般在二月十二，某些地方则更是早在二月初二。尽

管时间不同，但这场关于春花的盛会，却是古代中国人每年春日都要参加的重要活动。

春天时节百花齐放，花朝节当然是个色彩缤纷的节日。花朝节在历史上一度十分风靡，古人将这一天附会为百花的生日，每到这一天，人们会结伴去郊外游览赏花，姑娘们也会在这天相约出户，祭拜花神。古代诗人们留下了“百花生日是良辰，未到花朝一半春。万紫千红披锦绣，尚劳点缀贺花神”这样的诗句，仍能供后人想象这个浪漫节日在数百年前的盛况。唐代司空图有“伤怀同客处，病眼却花朝”的句子，宋代《梦粱录》中也提到：“仲春十五日为花朝节，渐闻风俗，为春序正中，百花争望之时，最堪游赏。”到了清代，《红楼梦》里也写到每逢花朝，大观园里的女儿们约在一起吟咏赏春的情景。

明人刘侗在著作中描绘当时北京城南风物的时候，特别记载了古人春时赏玩的花卉：“入春而梅，而山茶，而水仙，而探春。中春而桃李，而海棠，而丁香。春老而牡丹，而芍药，而栾枝。”那是怎样的一种景况呢？“都人卖花担，每辰千百”，卖花郎们每个时辰都能卖出成百上千枝鲜花，而且这些鲜花绝不是像今日花店中成堆摆放的玫瑰、康乃馨那样四时可见，而是依着春天时序物候的演进，每隔几天就有新的变化，从入春到中春，再到春老，每一拨花卉都顺应着时序的规律。

古时的花朝节还有不少今天见不到的景象。宋代杨万里在著作中提到：“花朝为扑蝶会。”人们在这一天会去花间比赛扑蝶。人们还会在花

朝节里簪花。簪花是我国从唐代起就有的习俗，无论男女，每逢仪典、喜事和节日，都爱在发鬓上别一朵鲜花。虽然这个习俗后来没能流传下来，但在花朝这天却是例外，城中不论贵贱，纷纷簪花为戏，来庆祝这个美好的节日。

在古代，花朝一直与月夕相对应。说起月夕，人们可能还会陌生，但只要提起它的另外一个名字——“中秋节”，应该就没人不知道了。《风俗志》中完整地提到这两个节日的关联：“盖花朝月夕，世俗恒言二、八两月为春秋之半，故以二月半为花朝，八月半为月夕也。”花与月，朝与夕，春与秋，二月半与八月半，名称和时间上都对得如此整齐，可见在古代，这两个节日在人们心中的地位是一样的。而春花秋月之所以常被人相提并论，或许是因为在人们心中，它们的确是属于春秋两季乃至四季里最美的事物。南朝萧绎有这么一句诗：“花朝月夜动春心，谁忍相思不相见。”而且这两种事物的美都是易逝的，花有绽放凋零，月有阴晴圆缺，两者都会带给人们欢欣与伤感，这才引得人格外珍惜。

可是，比起如今仍家喻户晓的中秋节，花朝节已经渐渐消失在人们的生活中。仲春时分，各地也再难兴起这样一个全民赏花的盛会。但也不用一味悲观，节日的名头虽隐没了，但窗外的春光还是大好，人们春日赏花的兴致也还浓。如果能将花朝月夕的时节，冲入岁岁年年的洪流中，便也不觉得遗憾了。

# 重阳登高日

唐代诗人王维有一首家喻户晓的诗作，名叫《九月九日忆山东兄弟》：“独在异乡为异客，每逢佳节倍思亲。遥知兄弟登高处，遍插茱萸少一人。”诗中描写的佳节指的是重阳节，其中提到了当时的人们在这个节日里都要参加的一个活动，这就是重阳登高。登高，顾名思义，就是去登高望远。这种活动既能锻炼四肢、强身健体，又能欣赏美景、愉悦耳目，对人们很有好处，古往今来一直颇受欢迎。

重阳登高的习俗由来已久，在两千多年前的楚辞中就提到过，在“草木摇落而变衰”的秋季，楚地的人们会纷纷“登山临水”，享受“天

高而气清”的好天气。这说明，早在春秋战国时期，秋日登高的活动就已经蔚然成风了。汉代时，重阳登高的习俗在民间形成。登高这个名称是从何而来的呢？原来，在汉朝的都城长安附近有一个高台，每到重阳佳节时，长安城中的人们便会登临高台欣赏秋景，久而久之，就有了“登高”之说。

九九重阳节是魏晋南北朝时期最重要的节日之一，因此，重阳登高的活动在当时备受重视。上自帝王将相，下至平民百姓，都要在这一天登临高处。人们扶老携幼，一路上说说笑笑，尽情享受着户外活动的乐趣。据说，东晋诗人谢灵运为了登高方便，还自制了一种前后装有铁齿的木屐，这种木屐上的铁齿能够去掉，在上山时去掉前齿，下山时去掉后齿，这样就能在高低不平的山路上保持平衡。这种木鞋在当时很受欢迎，人称“谢公屐”。

“遥知兄弟登高处，遍插茱萸少一人”，在重阳登高之时，人们还会在手臂上佩戴插着茱萸的布袋，叫作“茱萸囊”。茱萸的香气浓烈，具有药性，古人认为佩戴它可以驱邪避恶。采菊也是重九登高的重要活动之一，此时正值菊花花期，山道上处处盛开着明艳的菊花，引得登山

的人们争相俯身攀折，人们还会将采来的菊花带回去酿酒，亲口品尝秋山的滋味。

人们选择在重阳节集体登高，还有着趋吉辟邪的目的。古人认为“九为老阳，阳极必变”，在这个日子里，天气会下降，地气会上升，两者交汇之时，会滋生不正之气，因此九月九日被人们视作一个不吉利的日子。但古人崇拜高山，认为山神能使人免除灾害，所以人们才会在这一天里，纷纷登山拜神，祈求庇佑，同时躲避灾厄。

对了，重阳佳节，人们不仅登高，同时也“吃糕”。重阳糕是和月饼一样的节令食品。而且“糕”与“高”同音，重阳时吃糕，象征着步步登高，意义独特。

今天，重阳登高的活动虽没有完全消失，但也远没有古代流行了。这是因为，随着科学的发展，重阳节登高驱灾辟邪的意义已经渐渐消退，登高活动更多变成了人们户外休闲的方式。高山之上风景优美，空气清新，有助于人们放松身心，所以在重阳佳节之际，大家可不能偷懒，也要多去外面走动呀！

# 九九消寒图

我们的老祖先通过漫长的观察发现，一年之中，就数冬至这一天的白昼最短，黑夜最长。极寒的天气不适宜进行户外活动，于是冬至就成为古人休养生息的时节。冬至前后，官员们也不用上班，各行各业的人们也都要停下手中的工作，在家中休养身心。

祖先们为这段时间发明出一种有趣的风俗——数九。这个风俗自冬至这日开始，《荆楚岁时记》中记载："俗用冬至日数及九九八十一日，为寒尽。"在中国古人心目中，九是"极致"的数字，表示"最大""最多""最长久"，而九个九叠加起来，便代表着无以复加的漫长。从冬至日开始，每九天便算一"九"，凛冬随着

九九八十一天过去，暖春便会接踵而至。

这听起来是个好办法，将漫长的寒冬时日量化，分成均等的几个小份，一小份一小份地过，就显得不那么难熬了。为了打发这一段漫长的时间，人们的室内活动慢慢就丰富起来，其中就包括制作九九消寒图。“亭前垂柳珍重待春风（繁体为‘風’）”，是从前常见的消寒图形制。现在用简体字看得不是特别明显，用繁体字就清楚多了。这是清代道光年间流传下来的，一句九字，一字九划，在数九的日子里，每一天填完一笔，每一九写完一个字，八十一天后，就刚好填完了。这看似缓慢温暾的仪式里有强大的惯性，不填到最后一天，都不觉得圆满。何况这方寸地方里，还隐藏着融融的春意，一旦描过了这八十一划，寒冬里尚秃噜着枝条的垂柳，一下子便会迸出新鲜的绿意来。“九九图中将字著，百五光阴，容易闲抛却”，寒冬会过去，还有所有难熬的日子，通通都会过去。



“九九消寒图”有各种各样的形式，但从名字里就能看出，不管哪一种，都和“九”这个数字关系密切。既是关乎岁时，来自民间，消寒图的形制当然不会只是这样的文艺范儿。

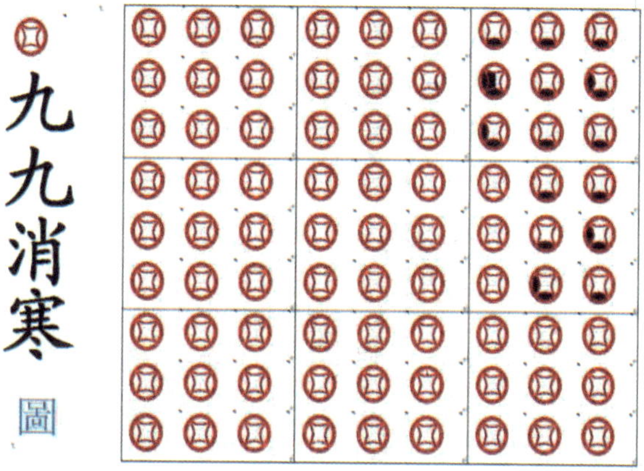


旧时民间还流行其他的消寒图样式，比如老百姓大都喜欢的铜钱图。这种图样比较简单，就是由九九八十一个圆圈组成的。人们先在一张大纸上绘制九格，再在每一格里绘制九个圆圈，这就有九九八十一个圆圈了。从冬至日这天开始，每天涂一个圈，涂法还根据天气差异略有不同，“上阴下晴，左风右雨，雪当中”，这样一来不仅能标记时间，还能用来记录每年“数九”时期的天气。等一张纸涂完了，九九八十一天就过去了。

我们可以把它看作一种打发时间和记录时间的方式，时间的流逝是无形的，图画却是有形的，人们通过有形的图画，将无形的时间清楚地呈现出来，帮助人们记忆时间。在这过程中还融入了诗词与绘画，使得消寒图的形式变得更加多样。古代还流行着一种颇受文人雅士们喜爱的图样。这一图样源自北方冬日常见的梅花意象，《帝京景物略》中道："日冬至，画素梅一枝，为瓣八十有一，日染一瓣，瓣尽而九九出，则春深矣，曰'九九消寒图'。"都是一样的步骤一样的办法，但凌寒开放的梅花与消寒图似乎更加相得益彰，而且比起填笔画、涂圆圈，填梅花瓣像是在作画，也显得更有情致。

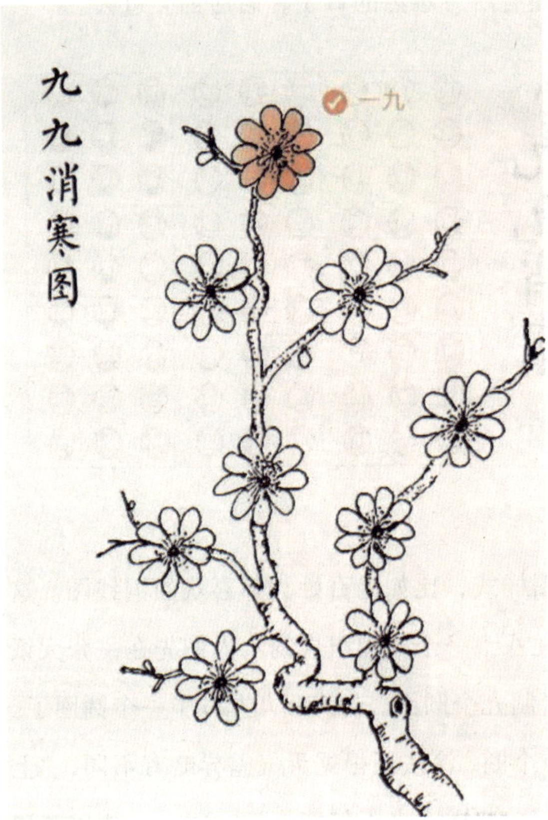


不知道古代有没有这样的画家，曾专用几十个冬日的九九八十一天，留下几十幅九九八十一瓣的梅花消寒图。印象中好像没有读到过，但中国古人实在太会风雅了，关于消寒的浪漫事定不会少。譬如明人有诗形容过一个这样的场景："试数窗间九九图，余寒消尽暖回初。梅花点遍无余白，看到今朝是杏株。"后来清人也有词："问销寒、九九胭脂，可似玉梅风骨。"两者说的是一个事儿——晓妆染梅，就发生在明清文人的内苑中。"冬至后，贴梅花一枝于窗间，佳人晓妆，日以胭脂图一圈，八十一圈既足，变作杏花，即回暖矣。”九九八十一个胭脂斑点，令白梅变成了红杏，寒冬也就在这样的旖旎暖色中悄然滑过去了。

九九消寒图是中国古代一种十分重要的休闲游戏,它的形式有许多,内容也各有不同。但在今天都已经不太常见了，现代人有各种记录时间的新方法，也很少有人会一天一天地去记录时间了。不过，这种凝聚着智慧和巧思的游戏，到今天依然散发着它独有的魅力。